ERFURT – DEN WANDEL ZEIGEN

Heinz Stade · Falko Behr

ERFURT

DEN WANDEL ZEIGEN

unter Mitwirkung von
Karsten Grobe, Gerhard Kaiser, Winfried Kiermeier,
Volker Krebs, Christine Riesterer, Manfred O. Ruge,
Hermann H. Saitz, Gerhard Schade, Klaus Thomann
und Ludwig Volkmann

Edition Leipzig

Bibliografische Information Der Deutschen Bibliothek
Die Deutsche Bibliothek verzeichnet diese Publikation in der Deutschen Nationalbibliografie; detaillierte bibliografische Daten sind im Internet unter http://dnb.ddb.de abrufbar.

ISBN 3-361-00589-2

Farbfotos: Falko Behr, Erfurt
Historische Schwarzweißfotos:
Stadtarchiv Erfurt und Privatbesitz
Gesamtgestaltung: Gerd Haubner, Erfurt
Schrift: The Serif, The Sans
Druck und Binden: Jütte-Messedruck Leipzig GmbH
Printed in Germany

Gedruckt auf alterungsbeständigem Papier mit chlorfrei gebleichtem Zellstoff. Die Schreibweise folgt den Regeln der neuen Rechtschreibung.

Seite 2/3: Alte und neue Ansichten der Fachwerkzeile am Domplatz.

Kontraste in der Michaelisstraße (oben).

Inhalt

Verfallen, bedauert, gerettet, wieder erblüht: das mittelalterliche Erfurt

Eine Einleitung und Einladung

Reste des Collegium maius der alten Universität mit dem berühmten Portal in der Michaelisstraße im Mai 1988 (links) und nach dem Wiederaufbau des Gebäudes (rechts).

Ich habe die verfallende Altstadt oft bedauert und die Neubauten an den Rändern der Stadt als Juwel empfunden, weil sie den darin wohnenden Leuten spürbare Verbesserungen brachten. Dass dafür abgerissen werden musste, schmerzte.« Manfred O. Ruge, Oberbürgermeister der Thüringer Landeshauptstadt Erfurt seit dem Jahre 1990, erinnert sich so an den baulichen Zustand seiner Heimatstadt vor der politischen Wende von 1989. An seiner persönlichen Pinnwand ist noch heute ein Denkmalschild zu entdecken, welches einen in Erfurt bis dahin undenkbaren Vorgang dokumentiert: die zur Rettung der Altstadt sich formierende Menschenkette vom Dezember 1989. Ruges Platz damals war nahe den Resten der Stadtmauer am Francke-Haus/Gagarin-Ring. Anderthalb Jahrzehnte später sagt er in dem für dieses Buch geführten Interview: »Man möge nie vergessen, wie diese Stadt zu DDR-Zeiten einmal aussehen sollte und wie sie 1989 ausgesehen hat.« Eine Aufforderung, die ein Gang durch das Erfurt des Jahres 2005 überaus gerechtfertigt erscheinen lässt.

In der Tat können bereits Wetten darauf abgeschlossen werden, dass Besucher nach ihrer ersten Visite die Stadt quasi mit einer Entschuldigung verlassen: »Ich habe ja gar nicht gewusst«, so vernimmt man allenthalben, »welche Perle da am Flusse Gera zu finden ist.« Äußerungen dieser Art ließen sich schon vernehmen, als die vormalige Bezirksstadt Erfurt im Sommer 1992 als noch junge Landeshauptstadt Thüringens mit damals gut gefüllter Stadtkasse stolz, sorgenarm, ausgelassen und allemal zuversichtlich ihr 1250-jähriges Jubiläum feierte. Da waren unter denen, die großartigen Freiluftkonzerten, dem begeisternden Festumzug und zahllosen Spatenstichen, Einweihungen oder Eröffnungen beiwohnten, freilich auch Gäste »von außerhalb«, wie der allzeit selbstbewusste Erfurter kurz den Rest der Welt bezeichnet. Von Prominenten abgesehen, hat die Gäste natürlich niemand gezählt; der Tourismus als Wirtschaftsfaktor steckte, wie so manches, was mit der politischen Wende neu ins Stadtleben einzog, in den Kinderschuhen. Aber um der Wahrheit die Ehre zu geben: Rekordverdächtige Besucherzahlen waren es keinesfalls. Das seinerzeit national wie international gerade leidlich bekannte Erfurt hat sich im Wettstreit der deutschen Städte inzwischen einen gleichberechtigten, auf diesem und jenem Gebiet auch einen mit Medaillen und Urkunden geschmückten vorderen Platz erstritten – wovon auch beeindruckend steigende Gästezahlen sprechen. Waren die auf Messen im In- und Ausland werbenden Touristiker in

Diskussionsthema unter Fachleuten bis in die Gegenwart: das unter Verwendung überkommener Bauteile rekonstruierte Collegium maius.

den Anfangsjahren darauf angewiesen, den potenziellen Besuchern die Reise nach Erfurt zusammen mit dem benachbarten Weimar schmackhaft zu machen, so ist dieser Erklärungsnotstand heute zwar nicht vollends aus der Welt, aber selten geworden im Alltagsgeschäft. Das hat gute, im Vergangenen wie im Gegenwärtigen zu findende Gründe.

Das 742 urkundlich erstmals erwähnte Erfurt ist wegen seiner günstigen geografischen Lage in der Mitte Deutschlands seit dem Mittelalter das politische, wirtschaftliche, kulturelle und kirchliche Zentrum der Region. Hier kreuzten sich für den europaweiten Handel wichtige, mit Kutschen wie Fuhrwerken einigermaßen befahrbare Straßen. In der Erfurt berührenden Bundesautobahn 4, in gut ausgebauten Zubringerstraßen, einem modernen Verkehrsring um die Stadt und im ICE-Bahnhof findet diese vorteilhafte Lage ihre zeitgemäße Fortschreibung. Schon Martin Luther, der in Erfurt als Student, Dozent und Mönch nach eigenen Worten lebensprägende Jahre verbrachte, empfand die Stadt als »am besten Orte liegend« und einer »Schmergrube« gleich. Handel, Handwerk, Gewerbe, Industrie und Gartenbau auf der einen sowie ein zeitweise europaweit maßstabsetzendes geistiges und kulturelles Klima auf der anderen Seite sorgten in Erfurt für Wohlstand, Ansehen und Berühmtheit. Dies spiegelt sich auch in den gebauten Zeugen vergangener Epochen wieder. Die in ihrer Grundstruktur nahezu vollkommen erhalten gebliebene Altstadt ist ein Flächendenkmal, dessen heutiger Zustand vorbehaltlos bewundert wird und immer mal wieder den Gedanken aufkommen lässt, dass sie reif sei für die UNESCO-Liste des Weltkulturerbes. Gerade weil es schon sehr, sehr lange her scheint, darf nicht unerwähnt bleiben, was dafür – neben sehr viel Geld und anderer Hilfe aus dem Westen der Republik – die Voraussetzung geschaffen hat. Erinnert sei an Aktionen, zu denen im Osten des Jahres 1989 noch Mut gehörte, wie etwa jene anfangs erwähnte wunderbare Menschenkette um die Erfurter Altstadt, die den Erhalt und die Rettung der überkommenen Bausubstanz einklagte. Der seinerzeit von den Zuständigen mehr oder weniger bewusst in Kauf genommene Verfall der historischen Gassen und Straßen hätte seine – da sind sich heute alle einig – zweifelhafte Vollendung im großflächig geplanten Abriss gefunden. So aber drängten sich im Jahrzehnt Nummer eins nach der politischen Wende zwischen die vielen Kirchtürme, die der Stadt seit alters den Beinamen »turmreiches Erfurt« bescherten, sattsam Krantürme. Sie signalisierten – heute nicht mehr so häufig wie seinerzeit – Rettung, Erhalt, Wiederaufbau und Neubau. Die Altstadt bekam und bekommt zurück, was ihr verloren gegangen war: eine lebenswerte Atmosphäre. Häuser und ganze Straßenzüge erstrahlen wieder in Würde, Schönheit, Glanz und Unverwechselbarkeit. Musste man noch vor 15 Jahren nach Häusern suchen, die wegen ihres guten Zustands auf den Verfall ringsum wie Fingerzeige wirkten, so hat sich das dank einer rasanten, freilich auch nicht fehlerfreien Rekonstruktion ins Gegenteil verkehrt. In der Erfurter Altstadt gebaute Zeugen zu finden, die den einstigen Verfall noch belegen, fällt schwer.

Aus dem einzigartigen mittelalterlichen Altstadtensemble ragen rühmenswerte Sehenswürdigkeiten im wahrsten Wortsinne heraus. Der Dom und die sich neben ihm erhebende Kirche St. Severi bilden mit den 70 Stufen davor alljährlich im Sommer die einzigartige Kulisse für die Domstufenfestspiele, für das Martinsfest am 10. November oder für den bundesweit außerordentlich beliebten Erfurter Weihnachtsmarkt. Auf dem benachbarten Petersberg steht man auf dem Grund von Erfurts erster steinzeitlicher Siedlung, auf dem Gelände, das Herrschende als vorzüglich geeigneten Ort für eine Pfalz oder einen Reichstag ausgewählt hatten, und – die Alltag gewordene Mobilität brachte es mit sich – auf dem jedes Frühjahr blühenden »Dach« einer der vielen neuen Erfurter Tiefgaragen. Über die Zeiten entstanden auf dem Petersberg ein Kloster und eine Festung. Letztere ist mit freundlicher Dominanz in das städtische Bewusstsein zurückgekehrt und allein der Neubau des Informationspavillons dominiert hier aufkommenden Streit um die Architektursprache. Die vom kriegszerstörten Peterskloster übrig gebliebene Kirche wurde seither arg geschunden. Doch trotz immer wieder aufgekommener und noch immer sich meldender Begehrlichkeiten nach neuer Nutzung, prägen Behutsamkeit und Geduld den Umgang der Denkmalpfleger mit diesem bedeutenden romanischen Bauwerk. Der Petersberg, geschätzt als zweite Stadtkrone neben dem Domberg, ist ein idealer Aussichtspunkt. Von hier grüßen in der Ferne der Ettersberg bei Weimar, das seit Generationen beliebte städtische Ausflugsgebiet Steigerwald und auch Zipfel des Thüringer Waldes. Wie von einem Balkon im 10. Stockwerk schaut man auf die sich zu Füßen ausbreitende Erfurter Innenstadt. Mit dem Domplatz, der Marktstraße, der Krämerbrücke, der Michaelisstraße, dem historischen Viertel der vor einem Jahrzehnt wieder gegründeten Universität, der Langen Brücke, dem Augustinerkloster, dem Rathaus und immer wieder auch mit den Türmen, denen teils die Kirchen fehlen, schieben sich unerwartet viele Sehenswürdigkeiten ins Bild. Jahr für Jahr, das geben die Statistiken preis, sind es mehr, die sich von diesem Blick wie vom gesamten Erlebnis Erfurt begeistern lassen.

Erfurt ist eine Stadt, die seit 1000 Jahren und bis in die jüngste Vergangenheit bemerkenswert viele bedeutende Persönlichkeiten in ihren Mauern sah. Der welterfahrene Schriftsteller Arnold Zweig könnte sich zum Sprecher aller machen, denen Erfurt bis zur ersten persönlichen Begegnung eine Unbekannte war. Man schrieb das Jahr 1925, als er im Frühjahr die Stadt durchstreifte und daraufhin notierte: »Was mich dort erwartete, blieb mir für Jahrzehnte unvergesslich. Da führten Brücken, bebaut wie die von Florenz und Venedig, über einen Fluss, dessen Name mir bislang nichts bedeutet hatte … ›Wo bin ich denn?‹, fragte ich mich … Der Atem stockte einem, an welchem der großen Portale man immer den Blick erhob zur Wölbung der gemauerten Bögen oder der Gestaltenfülle, die den Eintretenden umgab.« Ein Dreivierteljahrhundert später, Krieg und deutsche Teilung sind bereits Geschichte, hat Erfurt nicht nur seine einst bewunderte Würde und Schönheit wiedergewonnen. Gleichzeitig ist in ebenso rasanter wie vielfältiger Weise Neues hinzugekommen, von dem dies und das – wen wird es wundern? – auch zum Widerspruch reizt. Ihre Attraktivität verdankt die Stadt beiden Entwicklungen.

Dieses Buch, entstanden im 15. Jahr der deutschen Einheit, lässt am bisherigen Wandel der Stadt in Bild und Text umfassend, aber ver-

Warten auf Abriss und Wiederaufbau in der Kettenstraße.

Kurzhaarstudio
Freestyle

ständlicherweise nicht vollständig teilhaben. Natürlich sind es zuallererst die fotografischen Gegenüberstellungen, welche die gravierenden Veränderungen eindrucksvoll dokumentieren. Allen, die uns hierfür zuarbeiteten, voran den Mitarbeiterinnen der Bildabteilung im Stadtarchiv Erfurt, gebührt deswegen an dieser Stelle ein besonderer Dank. Das gilt ebenso für alle, die über mehr oder weniger lange Zeit an diesem Wandel fachlich und/oder mit bürgerschaftlichem Engagement beteiligt waren (oder es noch sind) und sich auf mein Bitten hin bis auf eine Ausnahme für dieses Buch als Gesprächspartner bzw. als Mitautoren zur Verfügung stellten. Dass dabei unterschiedliche bis widersprüchliche Ansichten zu Tage kamen und diese nun teilweise auch gedruckt vorliegen, wird niemanden wirklich überraschen, dem es um die Sache geht.

Das Buch dokumentiert einen bestimmten Zeitabschnitt von Erfurts teils atemberaubender Entwicklung. Dass es darüber hinaus einer

Stadt der Kontraste: Erfurts Wahrzeichen – die majestätische Baugruppe von Dom und Severikirche. Unten das neu erbaute, ob seines Standortes heftig kritisierte Bundesarbeitsgericht auf dem Petersberg.

breiten Leserschaft Anstöße zu Überlegungen und Diskussionen geben kann, die Erfurts Perspektiven betreffen, ist ein willkommener Aspekt. Ein in diesem Buch an anderer Stelle noch einmal zu lesender Gedanke des Erfurter Verkehrsplaners und Stadtbaurates a. D., Hermann H. Saitz, verlangt geradezu danach: »Am Ende meiner Amtszeit (1994) war deutlich geworden, dass sich die Bevölkerungsabnahme auch unter der Decke des Aufschwungs weiter vollzog, ja, beschleunigte. Damit erweist sich eine Reihe von städtebaulichen Vorhaben als zu groß angelegt. Nahezu unbemerkt vollzog und vollzieht sich ein städtebaulicher Paradigmenwechsel, der die Stadt in eine gänzlich andere Richtung und andere Maßstäbe drängen wird, langsam zwar, aber dennoch unaufhaltsam.« Auch dieser Wandel braucht die interessierte, ebenso kritische wie engagierte Öffentlichkeit.

Heinz Stade

Comthurgasse mit Blick auf das vom Krieg teilweise zerstörte Augustinerkloster, um 1980 (unten). Im Sommer 2005 wurde der Grundstein für den Wiederaufbau der zerstörten Klosterbibliothek gelegt (linke Seite).

Haus
zum kleinen
Helm
Hip Hop for ever

Gabelung Comthur- und Schildgasse im Mai 1988 und heute (linke Seite).

Erlebbar, urban und einfach schön

Interview mit Manfred O. Ruge,
Oberbürgermeister der Stadt Erfurt seit 1990

Als gebürtiger Erfurter kennen Sie die Stadt bestens. Welche Eindrücke haben Sie davon, wie die Stadt vor 1989 ausgesehen hat?

Jetzt, da sich die Stadt erlebbar, urban und einfach auch schön wie nie vorher präsentiert, muss ich mich zuweilen schon sehr anstrengen, gewisse Details zurückzurufen. Wo war denn hier eine Lücke? Wie sah das Güldene Rad vor der Sanierung durch das ZDF aus oder wie der nichts sagende, ruinöse Platz in der Schlösserstraße, auf dem heute ein modernes Kaufhaus steht, das nicht nur die mit dem Krieg verloren gegangene Handelstradition wiederbelebt, sondern sich gut ins städtebauliche Umfeld einfügt. Der Gesamteindruck von einem ruinösen innerstädtischen Grau-in-Grau aber ist mir noch gegenwärtig. Ich habe die verfallende Altstadt

Eichenstraße/Ecke Regierungsstraße Juni 1985. Das gesamte Wohn- und Geschäftsquartier musste dem Neubau des unvollendeten und nach der Wende abgerissenen »Hauses der Kultur« weichen.

oft bedauert und die Neubauten an den Rändern der Stadt als Juwel empfunden, weil sie den darin wohnenden Leuten spürbare Verbesserungen brachten. Dass dafür im Stadtkern abgerissen werden musste, schmerzte. Wie wir nicht erst seit heute wissen, war die zentralistisch geleitete DDR mit ihrem ökonomischen Ansatz im Bauwesen, mit dem allgegenwärtigen Mangel, den künstlich niedrig gehaltenen Mieten und mit der Vernachlässigung des Bauhandwerks gar nicht in der Lage, historische Quartiere wie etwa das Andreasviertel zu erhalten. Dass es auch ideologisch nicht gewollt war, konnte jeder auf seine Weise erfahren. Mir tat besonders weh, dass mit dem Bau einer vierspurigen Straße zwischen Petersberg und Domberg das christliche Symbol und Wahrzeichen der Stadt klein gemacht, an den Rand gedrängt werden sollte.

Am Vormittag des 8. Dezember 1989 formierte sich bei eisiger Kälte entlang der alten Stadtmauer eine Menschenkette. Tausende Erfurter waren gekommen, für die Rettung der Altstadt zu demonstrieren, die einmal zu den schönsten in Deutschland gehörte. Hatten auch Sie sich in diesen »lebenden Schutzwall« eingereiht?

Selbstverständlich. Mein Platz war an der Ecke Franckestraße/Gagarin-Ring – einer von sieben Treffpunkten an diesem für Erfurt geschichtsträchtigen Tag. Ich kann mich noch gut erinnern, dass in den Gesprächen häufig der Wiederaufbau des Hauptgebäudes der Alten Universität, des »Collegium maius«, angesprochen wurde. Diese bis dahin lediglich mit dem historischen Spitzbogenportal geschlossene Lücke aus dem Zweiten Weltkrieg an der Ecke Kreuzgasse/Michaelisstraße stand zwar auch für mangelnden offiziellen Bauwillen zur Erhaltung der Altstadt, zugleich war sie das Symbol für die von engagierten Erfurtern eingeforderte Wiedereröffnung der Anfang des 19. Jahrhunderts geschlossenen Universität. Seit mehr als zehn Jahren haben wir nun wieder eine Universität und wir können uns über eine gerettete Altstadt freuen. Dennoch darf man nie vergessen, wie diese Stadt nach den Vorstellungen der Herrschenden zu DDR-Zeiten einmal aussehen sollte und wie sie bis 1989 ausgesehen hat.

Der teils erbarmungswürdige Zustand der Kernstadt Erfurts blieb trotz versuchter Abschottung auch Fachleuten und Besuchern aus der damaligen Bundesrepublik Deutschland nicht verborgen. Professor Gottfried Kiesow, heute Chef der Deutschen Stiftung Denkmalschutz und damals noch Landeskonservator in Hessen, gehörte zu jenen Bundesbürgern, welche die DDR relativ häufig besuchten …

… und der nach der Wende sofort mit seinem Kollegen aus Rheinland-Pfalz, Herrn Magnus Backes, schnell und unbürokratisch Geld nach Erfurt brachte, um die ihm ans Herz gewachsene

Rohbau des »Hauses der Kultur« in der Regierungsstraße 1993, rechts im Bild die ehemalige Statthalterei (oben).

Der gleiche Blick 2004 mit der Baugrube des ehemaligen »Hauses der Kultur«(unten).

Seiten 18/19: Blick in die Regierungsstraße mit Thüringer Staatskanzlei in der ehemaligen Statthalterei 2005.

Maler Nord eG Erfurt

Regierungsstraße 64 bis Beginn Lange Brücke, links Haus »Zum bunten und neuen Schiffchen«, 1991 (oben), im restaurierten Zustand, 2005 (unten).

Altstadt wenigstens provisorisch vor dem weiteren Verfall zu bewahren. Ein Jahr später wurde daraus das offizielle Landesprogramm »Thüringer Initiative zur Sicherung von Gebäuden«. Innerhalb weniger Monate flossen dank der schnellen finanziellen Hilfe zunächst der beiden genannten Bundesländer insgesamt vier Millionen Mark in die Reparatur der Dächer, Fenster, Regenrinnen usw. von über 200 Objekten. Die Erfurter erlebten plötzlich, dass sich etwas tut – und zwar rasant und gleichzeitig an vielen Ecken des rund 200 Hektar großen Sanierungsgebietes Altstadt. In diese stürmische, von viel Euphorie getragene Aufbruchszeit gehört aber auch, dass wir uns manchmal wunderten, wie naiv wohl wollende Menschen aus dem Westen das Potenzial der untergehenden DDR eingeschätzt haben. So gut es gemeint war, beispielsweise Handwerkern mit ein wenig Werkzeug aufzuhelfen, so waren Gesten dieser Art lediglich ein winziger Tropfen auf einen riesigen glühenden Stein.

15 Jahre später zeigen wir in einem Buch den Wandel der Stadt seither. Wie sehen Sie Erfurt heute, wie den Anteil der Stadtverwaltung an dieser Entwicklung und wie ihren ganz persönlichen Einsatz?

Den letzten Teil der Frage sollen die Bürger beantworten oder später die Geschichtsschreiber beurteilen. Allerdings war es mein Wunsch, seit ich 1990 zum Oberbürgermeister gewählt wurde, die Stadt Erfurt für ihre Bürger lebenswert und zum Wohlfühlen zu gestalten – eine Herausforderung für alle, vor allem aber für die Bauverwaltung. Diese musste praktisch aus dem

Regierungsstraße, Ecke Lange Brücke (oben).

Regierungsstraße, Blick von der Ecke Klostergang in die Regierungsstraße, März 1989 und heute (unten).

Stehgreif Grundfragen erörtern und formulieren, die das Parlament diskutieren und beschließen sollte. Eine der auf diese Weise zustande gekommenen goldrichtigen Entscheidungen war, die Stadt wie eine Zwiebel von innen nach außen zu entwickeln. So haben wir bis Mitte der 1990er-Jahre den Verlockungen widerstanden, die Außengebiete mit großen Handelseinrichtungen zu bebauen. Erst als die Kernstadt gefestigt war, gab es grünes Licht beispielsweise für den Thüringen-Park, das T.E.C. oder zuletzt IKEA. Trotz gelegentlich zu spürenden politischen Drucks und in Paris schon geführter Finanzierungsverhandlungen haben wir auch hochfliegenden Projekten wie einem 34 Stockwerke hohen »Trade Center« standhaft widersprochen. Um der Wahrheit die Ehre zu geben: Natürlich waren wir anfangs auch manchmal blauäugig und sind – wie beispielsweise im Fall des damaligen Thüringen-Hotels am Juri-Gagarin-Ring – einem unseriösen Investor aufgesessen. Ja, auch der Frankfurt-Leipziger Pleitier Schneider stand kurz davor, am Erfurter Anger Fuß zu fassen. Allerdings waren die Ereignisse um die Pleite so schnell, dass unterschriftsreife Verträge in Erfurt Makulatur wurden. Wobei ich hinzufügen muss, dass das, was Herr Schneider vorhatte, der Stadt nicht geschadet hätte.

Daran, dass sich Erfurt in der Gegenwart als urban, erlebbar und einfach auch unverwechselbar schön präsentiert, haben zahllose Menschen aus Politik, Unternehmen und Banken, Großinvestoren und private Hauseigentümer, Planer, Architekten, Denkmalpfleger, Handwerker und viele andere Anteil – einige davon kommen ja auch in diesem Buch zu Wort. Manche

Nach der Wende zurückgewonnene Fassaden- und Dachlandschaft am Benediktplatz.

von ihnen haben hier nur temporär gewirkt, kaum Spuren hinterlassen. Auch einige von jenen Erfurtern, die sich wie beispielsweise das Ehepaar Sengewald um unsere Altstadt vor und nach der Wende besonders verdient machten, haben sich inzwischen zurückgezogen. Wiederum andere, wie etwa die Architekten Smits aus Koblenz oder Rittmannsperger aus Darmstadt, waren nicht nur als Erste helfend in Erfurt zur Stelle, sondern sind hier geblieben.

Nicht als Blauäugigkeit, sondern als »größte Fehlentscheidung der Stadt« bewerten Fachleute, dass der zuletzt mit dem als »Schiffshebewerk« verspotteten Haus der Kultur bebaute Hirschgarten als Standort für das neue Theater der Stadt zugunsten des Stadtteils Brühl aufgegeben wurde. Teilen Sie diese Ansicht?

Ich reihe mich da ein. Irgendwann wurde uns klar, ja von politischer Seite klar gemacht, dass wir ein Theater im Hirschgarten nicht finanziert bekommen würden. Also haben wir umgedacht in dem Glauben, dass der Hirschgarten ob seiner Lage auch ohne Theater quasi im Selbstlauf wieder belebt werden könnte. Diese Annahme war fatal. Während das Theater im Brühl angekommen ist und von den Besuchern in höchst erfreulichem Maße angenommen wird, habe ich für den Hirschgarten nur ein Wort: Chaos. Zwar zeigt sich augenblicklich (Juni 2005) wieder einmal so etwas wie ein Silberstreif am Horizont, aber gerade an diesem sensiblen Platz der Stadt waren wir in der jüngsten Vergangenheit nicht nur einmal zu früh guter Hoffnung.

Wenn man Erfurt im Wandel weiter- und vorausdenkt, dann ist der Hirschgarten nur ein Problem; ein anderes der beträchtliche Leerstand von Wohn-, Geschäfts- und Bürohäusern mehr und mehr auch in der Innenstadt. Über die Ursachen ist an anderer Stelle des Buches einiges zu lesen. An Sie aber die Frage, wie die Stadt auf die heranreifenden neuen Probleme reagiert?

Es ist in der Tat ein in vielerlei Hinsicht spürbarer Wandel im Gange. Konnten wir bis vor wenigen Jahren stets von weiterem Wachstum in beinahe jedem Lebensbereich ausgehen, werden wir mittelfristig eine Stadt Erfurt entwickeln müssen, die statt knapp 200 000 vielleicht nur noch 180 000 Einwohner, aber ein ausgesprochen mobiles Umfeld hat. Offen gesagt sind wir darauf konzeptionell nicht vorbereitet. Dass wir deshalb nun umso stärker an realis-

Benediktplatz in Richtung Fischmarkt gesehen, heute (oben) und Juni 1993 (unten).

Augenfälliges Symbol für den Wandel: Das Haus »Zum Naumburgischen Keller« am Benediktplatz 1993, heute beliebter Freisitz (rechte Seite).

tischen Konzepten und Lösungsvorschlägen arbeiten müssen, versteht sich von selbst.

Von Zeit zu Zeit lassen Sie es sich nicht nehmen, Gäste persönlich durch die Stadt zu führen. Haben Sie dabei so etwas wie Lieblingsecken?

Schon, aber auch die unterliegen einem gewissen Wandel. Dem fast ans Rathaus grenzenden Benediktplatz gehört meine besondere Sympathie, weil sich 1989 wahrscheinlich niemand von uns vorstellen konnte, dass aus diesem geschundenen Areal im Zentrum der Altstadt ein solches Kleinod werden würde, als das es sich jetzt präsentiert. Als mein momentanes Lieblingshaus favorisiere ich das schmale, noch einzige unsanierte Haus in der Marktstraße. Auch wenn in der Fülle des Schönen ringsum dieses kleine Gebäude kaum jemand wahrnimmt, so zeigt es doch augenfällig, wie es dereinst nicht nur in dieser Straße weit und breit ausgesehen hat. Schließlich lenke ich meine Gäste auch mit Vorliebe in das Geviert zwischen Ratskeller und altem Standesamt am Predigerplatz, das sich zwar langsam und leise verändert – aber es wird.

Antiquariat
Bücher
Graphik
Galerie

Die Krämerbrücke

Nie wirklich vernachlässigt und doch nie so schön wie jetzt

Auf der Krämerbrücke, um 1980. Jahre zuvor wurde das überkommene Brückenpflaster durch Asphalt ersetzt.

In einer Stadt der Brücken, die Erfurt ohne Zweifel auch ist, nimmt den Rang, *die* Brücke zu sein, überraschenderweise ein flussüberspannendes Bauwerk ein, das als Brücke – auch aus der luftigen Höhe des Turms der Ägidienkirche – auf Anhieb gar nicht auszumachen ist: die Krämerbrücke. Und doch ist sie der unangefochtene Star unter allen ingenieurtechnischen Leistungen, die sich seit Generationen über die Gera, den Breitstrom, den Bergstrom und über den Flutgraben spannen, ohne im Trubel des Alltags jene Wertschätzung zu erfahren, die ihnen als Verbindungs- oder Abkürzungsmöglichkeiten auf dem Weg in, durch oder aus der Stadt zukommen. Flüchtige Versuche, diese Vorrangstellung zu ergründen, enden da, wo die Stadtführer wegen der Furt an eben dieser damals noch nicht vorhandenen Brücke die Herkunft des Namens ERFURT erklären. Andere Versuche machen den unerschütterlichen Ruf der Brücke an ihrer exponierten Lage fest – im Mittelalter an der von West nach Ost führenden Fernhandelsstraße Via Regia und heute mitten in der von Touristen bevölkerten Erfurter Kernstadt. Dann ist da noch der internationale Vergleich. Wo noch außer in Erfurt gibt es nördlich der Alpen ein Bauwerk, das dem Florentiner Ponte Vecchio über dem Arno gleicht? Und wo noch gibt eine Brücke seit drei Jahrzehnten einem Volksfest den Namen, das mit seinen Veranstaltungsorten die halbe Altstadt einbezieht und Jahr für Jahr mehr als 250 000 Menschen aus ganz Thüringen und darüber hinaus anlockt? Welcher Deutung man sich auch anschließt: Die Krämerbrücke ist das profane Heiligtum der Stadt – und war als solches bereits vor der politischen Wende von 1989 akzeptiert.

Um die Brücke weht der Atem des Besonderen und der Stadtgeschichte in unerwartet bunter, volksnaher Weise. Der Reiseschriftsteller Karl Emil Franzos hielt vor über 100 Jahren diese Eindrücke vom Besuch auf der Brücke fest: »Es ist kaum zu sagen, wie seltsam, wie so recht mittelalterlich dies Gäßlein anmutet; wer hindurchgeht wird versucht, mit offenen Augen zu träumen, obwohl von den Häusern der größte Teil erst aus dem 17. Jahrhundert stammen dürfte … Aber die Phantasie wird rege und setzt an die Stelle der Männer von heute Ritter in stählernem Waffenrock, Bürger in buntem Tuchwams, Bauern in härenem Flaus; dazu Frauen im faltigen Gewand in allen Farben des Regenbogens und Jungfrauen in knappem, blauem Mieder über dem dunklen Tuchrock …« Kein Wort verlautet von der eigentlichen Brücke, sondern nur vom Gässlein schwärmt der Mann. Ein Vorgang, der bis heute anhält. Kein Wunder. Eher als das Gefühl, auf einer einzigartigen Brücke zu laufen, stellt sich zumeist jenes ein, durch eine anfangs leicht auf- und am Ende wieder absteigende enge Gasse zu gehen, von denen es in der Erfurter Altstadt eine Vielzahl gibt. Will man die Krämerbrücke in ihrer ganzen Tragweite, Bedeutung und Schönheit wahrnehmen, so muss man sie vom Norden her betrachten. Von Gotthardtstraße, Dämmchen und Kreuzsand aus offenbart sich, was touristische Prospekte als »die einzige bebaute, dauerhaft bewohnte Brücke nördlich der Alpen« rühmen. Dabei: Wären vor etwa 100 Jahren die städtischen Geldsäckel so voll gewesen wie gewünscht, dann hätte möglicherweise bereits Franzos keine Krämerbrücke mehr in Augenschein nehmen können. Die den wachsenden Verkehr nicht mehr tragende und diesem auch zu eng gewordene Brücke über die Arme der Gera sollte abgerissen werden und einem Neubau weichen. Das Wort Denkmalpflege in unserem Sinne kannte man zu dieser Zeit noch nicht. Kostengründe und dann auch städtebauliche- und verkehrstechnische Erwägungen verhinderten glücklicherweise den Abbruch. Auch weil man durch den Rathausneubau von Osten her eine neue Einfahrt in die Stadt brauchte, entschied man sich für den Bau der bis in die Gegenwart genutzten Rathausbrücke als Umgehung parallel zur Südseite der Krämerbrücke.

Im Mittelalter war Erfurt ein angesehener Markt- und Warenumschlagplatz. Durch das Geleitrecht der Landesherren und das Stapelrecht der Stadt waren die durchziehenden Kaufleute gezwungen, die in Erfurt sich kreuzenden Handelsstraßen zu benutzen und für einige Zeit hier auch ihre Waren feilzubieten. Die von Frankfurt am Main über Erfurt nach Königsberg führende »Hohe Königsstraße« oder »Via Regia« und die von Nürnberg über den Thüringer Wald und Erfurt weiter zu den Seestädten im Norden führende alte Handelsstraße kreuzten sich etwa in Höhe Fischmarkt–Marktstraße–Domplatz. Gewissermaßen in Sichtweite davon entfernt befand sich nördlich der heutigen Brücke eine Furt durch die Gera, die an etwa authentischer Stelle wieder hergerichtet wurde. Dort also, wo vom Wasser der Gera Mühlen betrieben wurden, unweit der Ufer Stapel- und Wiegeplätze waren, Synagoge und Universität sich befanden sowie wohlhabende Erfurter Kaufleute wohnten, errichtete man zwischen dem 8. und 11. Jahrhundert bereits eine Brücke zum Überqueren des Wassers und als Verbindung zwischen den sich entwickelnden städtischen Siedlungsteilen. Der entstandene Übergang war aus Holz und zunächst nicht bebaut. An beiden Enden standen gleichfalls Holz-Kapellen: St. Ägidien und St. Benedikt. Dazwischen hatten erste Krämer ihre Buden aufgebaut. Brände in den Jahren ab 1117 legten die hölzernen Bauwerke immer wieder in Schutt und Asche. Auch weil er vom schwunghaften Kramhandel auf der Brücke profitierte, entschloss sich der Rat der Stadt um die Wende vom 13. zum 14. Jahrhundert, eine neue Brücke aus Stein zu bauen. 1325 war diese vollendet. Als im Juni 1472 ein Feuer aber wiederum die Häuser zerstörte, wollten die Krämer eigentlich nicht zurück auf die Brücke. Es kam aber anders, da der Rat neue, größere Häuser bauen, zwischen den Bögen Gewölbekeller errichten und – um die Tiefen der Grundflächen zu erhöhen – an den Außenseiten die Sprengwerke aufbauen ließ. Gleichzeitig waren die Kirchen als Steinbauten mit Tordurchfahrten fertig gestellt. St. Ägidien bewahrt uns die Erinnerung daran bis in die Gegenwart. St. Benedikt aber wurde für den Abbruch freigegeben, von einem Kaufmann 1807 für 40 Taler erworben und zum Teil abgetragen. Den Turmstumpf ließ der neue Besitzer stehen, nutzte ihn als Wohnung und krönte ihn mit einer Art klassizistischem Tempel nebst kleinem Gärtlein. 1896 aber verschwand auch dies. Auf den Platz des einstigen Gotteshauses stellte man ein gründerzeitliches, gegenüber dem Vorhandenen maßstabloses Geschäftshaus, das aber mit der Sanierung vor wenigen Jahren mehr denn je seinen Anspruch geltend macht, mit dem Brückenensemble geund verwachsen zu sein. Auch die im 16. Jahrhundert eingestürzte und bis 1609 wiederher-

Seit der Wende laufen die Brückenbesucher wieder über historisches Pflaster.

1896 entstand an Stelle der abgerissenen Benediktkirche dieser markante Gründerzeitbau am westliche Aufgang zur Krämerbrücke, um 1989, heutiger Zustand (rechte Seite).

Stilleben
ZONE

gestellte Kirche St. Ägidien wurde 1827 verkauft und von einem Kaufmann zum Wohn- und Geschäftshaus umgewandelt. Seit 1960 jedoch wird das auch architektonisch interessante Bauwerk wieder als Kirche genutzt.

Gehandelt wurde auf der Brücke zunächst im wahrsten Sinne des Wortes mit Kleinkram. Laut Zunftprivileg durften die Händler nur solche Waren verkaufen, die »mit der Elle auszumessen und mit dem kleinen Gewicht« gewogen werden konnten. Das waren im 17. Jahrhundert beispielsweise Edelmetalle, Gewürze, Stoffe, Borten, Gürtel, Geschmeide, Arzneien, Färbemittel, Papier, Seide und viele andere, zum Teil von weit her geholte Waren. Eine Krämerordnung von 1645 besagt, dass fortan kein Unterschied mehr sein sollte zwischen Brücken- und Stadtkrämern. Obgleich ein touristischer Anziehungspunkt, aber kein solcher für Händler, hat die Brücke trotzdem ihren Charakter als zeitgemäßer Ort des Handels von allerlei »Kleinkram« und als Platz, auf dem es sich gut leben lässt, in den letzten Jahren zurückgewonnen. Man kann in Antiquitäten, in Weinregalen und einem Laden mit Thüringer Spezialitäten stöbern, kann hier ansässigen Fotografen, Keramikern, einer Holzgestalterin, dem Maler oder Schauspieler begegnen, wenn sie ihre Stühle und Tische auf das Pflaster rücken, um mediterrane Lebensfreude herzuzaubern. Auch ein Café ist am Brückenkopf Wenigemarkt wieder zu Hause. »Die Mischung auf der Brücke stimmt jetzt«, ist Joachim Kaiser, der Vorsitzende der 1996 gegründeten Stiftung Krämerbrücke, überzeugt. Diese hat (wie auch das Ortskuratorium Erfurt der Deutschen Stiftung Denkmalschutz) ihr öffentliches Domizil auf der Brücke im zu besichtigenden »Haus der Stiftungen« gefunden. Außer der kostspieligen Erhaltung des Kulturdenkmals Krämerbrücke hat die Stiftung es als Aufgabe übernommen, »neben Wohnungsnutzung eine dem mittelalterlichen Denkmal entsprechende Nutzung der Brückenbauten durch Gewerbe, Handwerk, Antiquitätengeschäfte, Ladenlokale, museale Einrichtungen zu ermöglichen und damit ein typisches Krämerbrückenmilieu zu schaffen und Nutzungen, die dem Kulturdenkmal nicht angemessen sind, zu verhindern«.

Die Krämerbrücke, wie sie sich dem Betrachter jetzt präsentiert, zählt nur noch 33 Häuser. Diese sind durch Zusammenlegen von einst über 60 Gebäuden entstanden. Insgesamt ist das Bauwerk 125 Meter lang und bis zu 26 Meter breit. Die Höhe misst samt Fundamenten etwa

Blick von der Rathausgasse auf die Krämerbrücke, im Hintergrund der Turm der Ägidienkirche, um 1989, heutige Ansicht (rechte Seite).

Parkschein-
automat

sieben Meter, mit der Bebauung maximal 22 Meter. Ein Landbogen, fünf Wasserbögen (Spannweite zwischen sechseinhalb und acht Metern) und eine Gewölbetonne aus Kalkbruchstein bzw. Sandstein tragen, unterstützt von starken Verstrebungen aus Holz, die Häuser. Gotik, Renaissance, Barock und auch Gründerzeit haben ihre Spuren in Kellern, Gewölben, an Bögen, Fassaden und in Fenstern, an Dachformen und Hausschmuck hinterlassen. Wurden zu DDR-Zeiten anfangs sogar noch behutsam Neubauten auf der Brücke eingefügt, beschränkte sich der Erhalt ab den 1970er-Jahren mehr und mehr nur auf das Notdürftigste. »Aus heutiger Sicht letztlich doch nur Flickwerk«, wie Denkmalpfleger Heinrich Schleiff rückschauend urteilt. Wie weitere Kollegen der Denkmalpflege hatte auch er auf der Brücke jahrzehntelang sein Büro. Geheizt wurde in dem damaligen Institut für Denkmalpflege mit 24 Öfen, deren Wärme Braunkohlebriketts lieferten. »Wir waren damit einer der vielen Hauptverschmutzer der Innenstadt«, erinnert sich der Landeskonservator i. R. Professor Rudolf Zießler an jene Zeit, da aus allen Schornsteinen nicht nur der Brückenhäuser die gleichen Abgase und Schadstoffe kamen. Diese Situation änderte sich erst nach der Wende. Ähnlich erging es manchen Gebäuden auf der Brücke. Wiewohl nie wirklich total vernachlässigt, wurden doch viele von ihnen nach 1989 komplett oder teilweise saniert und umgebaut.

Die Nordseite der Krämerbrücke vom Kreuzsand aus gesehen im Mai 1988 und heute (rechte Seite).

Faustus
BAR · RESTAURANT · CAFÉ
JUWELIER

Eines der jüngsten Beispiele ist das oben bereits erwähnte Café im Haus »Zum Roten Turm«, das zusammen mit der Ägidienkirche und deren Turm, den Brückenkopf am Wenigemarkt bildet, vor 30 Jahren bereits saniert wurde und danach schon einmal ein Café beherbergte. Auch dieses Haus bestand ursprünglich aus zwei Häusern. Der Turm wurde von diesen Häusern im Norden und Westen umbaut. Die Turmräume im Keller und Erdgeschoss wurden funktionell dem heutigen Haus Nr. 17 zugeordnet. Seit dem Mittelalter wird der Erdgeschossbereich mit seinen hohen gotischen Kreuzgewölben gewerblich genutzt. Nach Norden schließt sich – im Café ebenfalls zu erleben – ein Tonnengewölbe an. Im Geschoss darüber befindet sich eine historisch wertvolle Holzstube in Stabbohlenbauweise, deren Decke sowie zwei Seiten im Originalzustand erhalten sind. Der Blick auf die Fassaden lässt Eingriffe zu unterschiedlichen Epochen erkennen. Das Portal an der Nordseite, übrigens das einzige steinerne, das in direkter Verbindung mit der Brücke zu finden ist, gilt als wertvoll und ist gut erhalten. Von hier aus sind es nur wenige Schritte zu jenem der inzwischen vollständig sanierten Brückenpfeiler, an welchem eine Metalltafel die Stelle markiert, wo seit dem 5. Dezember 2000 die Namen von Förderern hinterlegt werden, die sich für den Erhalt der Brücke engagieren.

Zu Beginn des neuen Jahrtausends stehen die Häuser der über 800 Jahre alten Krämerbrücke auf sicheren Füßen, präsentieren sich von ihren schönsten Seiten und posieren damit, als Ensemble reif für die Liste des UNESCO-Weltkulturerbes zu sein.

Blick auf den Wenigemarkt – heute einer der bestbesuchtesten Plätze Erfurts. Besetztes Haus im August 1994 (oben) und heute als »Faustus« ein beliebter Treff (linke Seite).

Beeindruckender Dialog zwischen Mittelalter und Moderne

Von Klaus Thomann

Dipl.-Ing. Klaus Thomann (Jahrgang 1936) war nach Abitur und Studium an der Technischen Hochschule Dresden von 1961 bis 1965 als Architekt im städtischen Entwurfsbüro und in der Entwurfsgruppe Stadtplanung bei der Stadt Erfurt tätig. Nach einem Intermezzo als wissenschaftlicher Mitarbeiter an der Hochschule für Industrielle Formgestaltung, Halle, Burg Giebichenstein, war er von 1969 bis 1989 leitender Stadtplaner und Architekt im Büro des Stadtarchitekten sowie von 1990 bis 2001 Leiter des Stadtplanungsamtes der Stadt Erfurt. Klaus Thomann ist a. o. Mitglied des Bundes der Architekten und Mitglied der Deutschen Akademie für Städtebau und Landesplanung.

Will man, wie mit diesem Buch beabsichtigt, Erfurt im städtebaulichen Wandel vor und nach der politischen Wende von 1989 zeigen, einordnen und beurteilen, so kann sich dabei auch ein zeitlich darüber hinausreichender Rückblick aus der Sicht eines Planers als hilfreich erweisen. Die Rückschau auf mehr als ein Jahrhundert Städtebau und Stadtplanung zeigt, dass Erfurt am Anfang und am Ende dieser Zeit aufgrund günstiger politischer und wirtschaftlicher Verhältnisse seine natürlichen Potenziale zur Schaffung von bemerkenswerten städtebaulichen und stadtplanerischen Leistungen genutzt hat. Das ausgehende 19. Jahrhundert schuf mit einer durch die industrielle Revolution ausgelösten großen gründerzeitlichen Stadterweiterung die Voraussetzungen für die Entwicklung zu einer Großstadt. Das ausgehende 20. Jahrhundert brachte die Rettung für die von zwei Diktaturen heruntergewirtschaftete Stadt, hauptsächlich für die Altstadt, an der aber schon in den letzten 100 Jahren keine nennenswerten Sanierungen durchgeführt worden waren.

In beiden Zeitphasen sind der Städtebau und die Stadtplanung zu Höchstleistungen aufgefordert gewesen – ihre Repräsentanten haben sich dieser Aufgabe zum größten Teil mit Erfolg gestellt. In der Zeit nach dem Ersten Weltkrieg versuchte auch Erfurt durch neue bauliche Veränderungen und Verkehrslösungen die engen Bau- und Raumstrukturen der Altstadt zu modernisieren. Es wurden weiträumige Bebauungen sowie großzügige Straßendurchbrüche und Ringsysteme angedacht, die in den dreißiger Jahren unter dem Nationalsozialismus wieder aufgegriffen und in den sechziger Jahren der DDR als Magistrale und Stadtring erneut geplant wurden.

Die Zeit zwischen den Weltkriegen war in Erfurt nur in den so genannten goldenen zwanziger Jahren für Städtebau und Stadtplanung von großer Bedeutung. Obwohl in dieser Zeit keine herausragenden städtebaulichen Lösungen entstanden, hat sich vor allem die Stadtplanung in Erfurt fest institutionalisiert und starken Einfluss auf eine hohe Bau- und Planungskultur genommen. Es entstand eine Vielzahl bedeutender öffentlicher und privater Gebäude und der erste Generalbebauungsplan wurde fertig gestellt. Der Stil der »Neuen Sachlichkeit« prägte die Gestaltung von sozialem Wohnungsbau und einigen zentralen Geschäftsbauten. Der später an die Macht gelangte Nationalsozia-

Im städtebaulichen Dialog: die modernen Gebäude der Messe am Stadtrand und die prächtige Renaissancefassade des »Hauses zum breiten Herd« in der Innenstadt.

ZVM BREITEN HERD

»Haus zum Roten Ochsen«, vormals »Galerie am Fischmarkt«, um 1980 (rechts) und heute als »Kunsthalle Erfurt«(links).

lismus unterband die bauliche Weiterentwicklung im Sinne der Moderne und förderte die Gestaltungsprinzipien des Neoklassizismus und des »Heimatstils«.

Nach dem Zweiten Weltkrieg wäre eine Neuformierung möglich gewesen, aber das zentralistische System der DDR unterdrückte die meisten progressiven planerischen Ideen. Der Städtebau, die Stadtplanung und die Verkehrsplanung unterstanden schon aus Macht- und Prestigegründen ganz dem Diktat der politischen und staatlichen Führung. Trotzdem wurden im Vergleich zu den vergangenen Zeiten in den sechziger Jahren des 20. Jahrhunderts erstmals städtebauliche Visionen für eine grundlegende Umgestaltung der gesamten Stadt entwickelt. Wegen der fortschreitenden Entmündigung der Städte, einschließlich ihrer Fach- und Planungsorgane, konnten diese jedoch nicht weitergedacht werden. Es galt, die politisch und staatlich verordnete Doktrin zu akzeptieren und umzusetzen: »Die Stadt wird von außen nach innen gebaut.« Die Konzentration der Bautätigkeit und Planung auf den industriellen Wohnungsbau ließ durchaus städtebaulich bemerkenswert organisierte Wohngebiete entstehen. Durch ihre volkswirtschaftlich überzogene Dimensionierung, durch mangelnde Aufenthalts- und Wohnqualität sowie durch ihre unzureichende Ausstattung lösten sie jedoch völlig kontraproduktive Wirkungen auf die gesamtstädtische Entwicklung aus. So verursachten u. a. der ungehemmte Bau von Großwohnsiedlungen am Rande der Stadt und die desolate bauliche Situation der Kernstadt eine Abwanderung der Bevölkerung in die damals begehrten Plattenbauwohnungen. Das führte zu einer Entvölkerung der Innenstadt und damit zu ihrem weiteren Verfall.

Das planerische und bauliche Resümee der 15 Jahre seit der Deutschen Einheit zeigt eine bauliche Wiedergeburt der alten Stadt Erfurt in einem beeindruckenden Dialog zwischen Mittelalter und Moderne. Das durch Erhaltung und Erneuerung geschaffene Potenzial an Räumen und Bauten sowie die stadtplanerischen Überlegungen für die Zukunft müssen sich jetzt in den Auseinandersetzungen mit demografischen und wirtschaftlichen Problemen unserer Zeit behaupten und bewähren.

Wie also wird sich Erfurt weiterentwickeln? Städtebau und Stadtplanung der Zukunft werden im Wesentlichen geprägt und beeinflusst werden von der allgemeinen Schrumpfung und Perforierung der Städte und den dafür notwendig zu erarbeitenden Stadtumbau- und Rückbaustrategien. Dies resultiert aus der Rückentwicklung oder Stagnation von Wirtschaft und Bevölkerung sowie aus den Wanderungsprozessen Arbeitsuchender nicht nur in Deutschland, sondern in ganz Europa. Die Verringerung und die zunehmend höhere Lebenserwartung nicht nur der Stadtbevölkerung in den kommenden 40 Jahren wird außerdem noch weitere infra- und sozialstrukturelle Veränderungen in Erfurt und vielen deutschen und europäischen Städten mit sich bringen, die neben dem schon zögerlich eingeleiteten Stadtrückbau neue planerische Überlegungen und Eingriffe auslösen werden. Das muss zur Kenntnis genommen und bewältigt werden, auch wenn die Vorgänge derzeit sowohl politisch wie wirtschaftlich in ihrer ganzen Tragweite und Auswirkung noch nicht zu übersehen sind, ja zum Teil ignoriert werden, wie z. B. die notwendige ausschließliche Förderung des Wohnungsbestandes anstelle des Neubaus. Aktuelle, auch öffentlich und kontrovers geführte Diskussionen darüber, wie die Stadt in der Zukunft aussehen kann und wie man sie planen muss, sind in ihren Ergebnissen völlig offen. Sie müssen aber mit aller Konsequenz weitergeführt werden, um trotz bestehender volkswirtschaftlicher Disproportionen zu verhindern, dass Stadt und Stadtkultur verloren gehen.

Hofausfahrt zur Michaelisstraße des Hauses »Zum güldenen Krönbacken« 1993 (links) und heutiger Zustand (rechts).

Gemeinschaftswerk Aufschwung Ost
ERFURT SANIERT
MICHAELISSTRASSE 10
Kulturhof "Güldener Krönbacken"
A Michaelisstraße 10 ("Güldener Krönbacken")
Museale Nutzung im Zusammenhang mit den Neubauten an der Waagegasse (B), die alle technischen Funktionen aufnehmen müssen.
Das Gebäude ist eines der ältesten Profangebäude Erfurts.
B Neubauten an der Waagegasse
Die Neubauten nehmen die technischen Räume für das Museum im "Güldenen Krönbacken" auf:
- klimatisiertes Archiv
- Restauratorenwerkstatt
- Verwaltungs- und Arbeitsräume für Wissenschaftler
C Waidspeicher
Ausstellungsgebäude für Sonderausstellungen in zwei Geschossen.
Die Fachwerkkonstruktion des 15. Jahrhunderts ist restauriert worden. Das Gebäude ist klimatisiert und mit moderner Ausstellungstechnik ausgestattet.
D Foyer-Neubau
Der Neubau dient als Foyer und wird alle technischen Funktionen aufnehmen, die im denkmalgeschützten Waidspeicher nicht untergebracht werden können, wie Treppenhaus und Fahrstuhl, technische Zentraleinheiten und Sanitärräume.
Ein einstufiges Bühnenpodest zum Hof kann bei Freiluftveranstaltungen genutzt werden.
E Michealisstraße 9 ("Weißes Kreuz" bzw. "Goldener Schwan")
Gebäude gotischen Ursprungs, in der Renaissance überformt.
Als gastronomischer Teil des Kulturhofes ist im Erdgeschoß eine Weinstube vorstellbar.
F Hof
Hofgelände für öffentliche Veranstaltungen im Rahmen des Kulturhofes.
Pflasterbelag aus Naturstein.

Stadtsanierung als Thema einer Ausstellung im öffentlichen Raum (linke Seite, oben).

Eingangsportal des Hauses zum »Güldenen Krönbacken«, 1993 und heutiger Zustand (linke Seite unten).

Ruinöser Zustand des gesamten Gebäudebestandes im Haus zum »Güldenen Krönbacken«. Hofseitiger Blick in Richtung Michaelisstraße 1993 (oben) und die restaurierte Ansicht heute (unten).

Aus Dokumenten vor 1989

Vorlage zur Gestaltung des Stadtzentrums aus dem Jahre 1969

In der Vorlage für das SED-Politbüro zur Gestaltung des Stadtzentrums Erfurt, die 1969 verfasst wurde, ist u. a. zu lesen: »Die Arbeitsgruppen … unter der Leitung des Genossen Walter Ulbricht, usw., gaben mehrfach grundsätzliche Hinweise und Vorgaben zur städtebaulichen und architektonischen Umgestaltung Erfurts sowie zum Generalbebauungs- und Generalverkehrsplan.« Zu den wichtigsten Schwerpunkten der Umgestaltung wurden u. a. folgende Zielstellungen und Maßnahmen genannt:

- *Die Gestaltung des Komplexes Petersberg und Zentraler Platz (Domplatz) zum städtebaulichen Höhepunkt der modernen sozialistischen Bezirksstadt.*
- *Die Fertigstellung des Juri-Gagarin-Ringes als innerstädtischer Erschließungsring mit dem Neubau von über 3000 Wohnungen und dem Standort wichtiger Dominanten und Bauwerke.*
- *Die Gestaltung der neuen Ost-West-Verbindung zwischen Zentralem Platz und Juri-Gagarin-Ring mit der Einordnung von Wohn- und Gesellschaftsbauten für politische, staatliche und wirtschaftsleitende Organe des Bezirkes und der Stadt.*

Unter »Sicherung der Aufgaben« waren in dieser Vorlage bis 1975 als wesentliche Baumaßnahmen des Verkehrs die Fertigstellung des vierspurigen Ausbaues des Juri-Gagarin-Ringes und der Beginn des Ausbaues in Richtung Domplatz (Zentraler Platz) aufgeführt. Zur Rekonstruktion der Altstadt stand unter Maßnahmen, dass sie »in Verbindung mit den notwendigen Bauarbeiten der Entkernung, der Modernisierung und Generalreparatur von Wohnungen weitergeführt« wird.

Ein Flächenabriss kommt auf keinen Fall in Frage

Der eigenartige, nicht zuletzt auch für die Stadtkernforschung interessante Siedlungsbereich Andreasviertel ist aus einer sehr alten Entwicklung und Tradition hervorgegangen … Die Besonderheiten des Viertels vor allem in Bezug auf seine zentrale, schwerpunktmäßige Lage, strukturelle und funktionelle Verknüpfung auch zum Altstadtkern hin, oder aber der typisch kleinbürgerlich geprägte Bebauungscharakter früherer Jahrhunderte verleihen dem Andreasviertel eine für den Gesamtzusammenhang der Altstadtanlage besonders wichtige städtebauliche Bedeutung. Aufgrund dieser städtebaulich-denkmalpflegerischen Wertigkeit für den geschützten Altstadtbereich des 12. Jahrhunderts innerhalb des ersten Mauerrings – das denkmalpflegerische Rekonstruktions- und Umgebungsschutzgebiet – kommt für das Viertel ein Flächenabriß, etwa nur unter Belassung der einzelnen Denkmalobjekte oder des Moritzhofes, auf keinen Fall in Frage.

(Aus einer am 20. Februar 1978 von Kunsthistoriker Gerhard Kaiser verfassten »Stellungnahme zur entwicklungsgeschichtlichen, stadtstrukturellen und denkmalpflegerischen Bedeutung des Andreasviertels hinsichtlich einer städtebaulichen Neugestaltung«.)

Petersberg: Es kann und darf nicht länger gewartet werden

Mit einer Empfehlung zur Erhaltung und Aufwertung der Zitadelle Petersberg wandte sich ein in Erfurt vor der Wende bestehender ehrenamtlicher Beirat für Denkmalpflege an die seinerzeit zuständigen staatlichen Stellen. In einem Brief vom 2. Dezember 1981 an den damaligen Stadtrat für Kultur begrüßt Chefkonservator Hans Schoder vom Institut für Denkmalpflege diese Initiative ausdrücklich. In dem Schreiben heißt es u. a.:

»Der Beirat hat in einer gründlichen und ausführlichen Weise auf ein Problem hingewiesen, dessen Lösung nicht nur ein denkmalpflegerisches Anliegen ist, sondern zur gesamtgesellschaftlichen und vor allem kommunalen Angelegenheit werden muß. Es gab in den vergangenen zwei Jahrzehnten nicht wenige Stimmen, die sich gegen die absolut einseitig-ökonomische Nutzung des Petersberges und seiner baulichen Anlagen bis hin zur rücksichtslosen Ausnutzung aussprachen. Diese verantwortungsbewußten Hinweise sind nicht beachtet worden; zunächst war eine Veränderung durch eine städtebauliche Neuplanung im Jahre 1970 in Aussicht gestellt, die nicht verwirklicht wurde. Der Verfall und die eigenmächtigen Veränderungen bis zu Neubauten gingen weiter, so daß der Vorstoß des Beirates zu einer Zeit kommt, in der nicht länger gewartet werden kann und darf. Wir brauchen der Zustandsschilderung nichts hinzuzufügen … Die Stadt Erfurt kann es sich m. E. nicht länger leisten, in ihrer Mitte einen Schandfleck bestehen zu lassen, der ob seiner Lage mehr und mehr ein zentraler Anziehungspunkt für Touristen und Einwohner wird. Die beigefügten Fotos schildern den Zustand nur teilweise, die Wirklichkeit sieht weit schrecklicher aus … Der Petersberg ist Bestandteil der zentralen Denkmalliste der DDR … Seine Erhaltung muß aus Gründen der Geschichte, Architektur, Kunstgeschichte, Militärtechnik, des Handwerks und nicht zuletzt der Stadtbaukunst ein gesamtgesellschaftliches Anliegen sein.«

Heilige Grabesmühlgasse mit Blick auf die Ölmühle, um 1980 (rechts oben), ihre Rückfront (rechts unten) und heutiger Zustand (links).

Hinter der denkmalgeschützten Fassade des früheren Alhambra-Kinos in der Johannesstraße entstand 1996 der Neubau einer Versicherung (rechte Seite).

BARMER
BARMER

Als ob eine Stadt Gene hätte …

Von Hermann H. Saitz, Verkehrsplaner und Stadtbaurat a. D.

Erfurt ist die Stadt seiner Kindheit und Jugend. Als Saitz (Jahrgang 1936) im Jahre 1967 nach Erfurt zurückkehrte, begann eine bis heute andauernde Eigenständigkeit der Verkehrsplanung neben und als Partner der Stadtplanung. Im Ergebnis der Neuformierung der Stadtverwaltung wurde er vom ersten frei gewählten Rat als Baudezernent eingesetzt, ein Amt, das im allgemeinen Sprachgebrauch als »Stadtbaurat« bezeichnet wird. Mit der Wahl zum neuen Stadtparlament im Jahre 1994 schied Prof. Saitz aus dem Amt des Dezernenten.

In der Zeit des »real existierenden Sozialismus« spielten Generalbebauungspläne und Generalverkehrspläne vor allem eine propagandistische Rolle. Sie sollten zeigen, wie zukunftsorientiert dieses gesellschaftliche System sei. Ich konnte mich dieser Auffassung von Stadtplanung nicht anschließen. Stadt entsteht und entwickelt sich weniger aus dem Gedankengebäude der Planer als vielmehr durch die Lebensweise ihrer Bewohner. Erfurt hat im Sinne der von Berlin vorgegebenen Planungsmethodik nie einen mit anderen Städten der DDR vergleichbaren Generalverkehrsplan gehabt. Stattdessen suchte ich die Verkehrsentwicklung auf ihre Wurzel, die Lebensweise, zurückzuführen und von der sozialen Wurzel her die Zukunft des Stadtverkehrs zu beschreiben. Im Ergebnis dessen gehörte Erfurt zu den Initiatoren der Verkehrssoziologie in der DDR und war der wohl wichtigste Vertreter einer prozesshaften Verkehrsplanung.

Blick in die Johannesstraße im April 1997.

Am Ende der 1960er-Jahre stand die Motorisierung in Erfurt mit etwa 70 PKW/1000 Einwohner noch ganz am Anfang. Aus der Literatur, aber auch aus Kontakten mit westeuropäischen Verkehrsplanern wusste ich, dass die Lebensweise auch in einem gesteuerten Gesellschaftssystem 500, ja 600 PKW/1000 Einwohner erzwingen würde. Diese starke Rolle der Motorisierung ist eine unausweichliche Folge der individualisierten Lebensweise, wie sie den Ausgang des 20. Jahrhunderts in Ost und West gleichermaßen prägte und auch in diesem Jahrhundert prägen wird. Autoverkehr kann eine Stadt demoralisieren, ja, zerstören. Es war deshalb für mich ein vorrangiges verkehrsplanerisches Ziel, die Zeitverzögerung zu Westeuropa zu nutzen und in Erfurt ein Verkehrssystem zu entwickeln, mit dem alle sensiblen Stadtbereiche vor den negativen Folgen des Autoverkehrs möglichst bewahrt werden konnten. Das galt insbesondere für die Altstadt, die bereits in einem, etwa vor 100 Jahren einsetzenden, unübersehbaren, flächendeckenden Verfall begriffen war. Das verkehrsplanerische Ziel goss ich in die Formel »80 Prozent des Verkehrs auf 20 Prozent des Straßennetzes konzentrieren, an dem nur 5 Prozent der Einwohner leben«. Für das Stadtzentrum wurde dieses Vorhaben über das so genannte Zellenprinzip umgesetzt, das letztlich jeden Durchgangsverkehr unterbin-

Restaurierte Fassaden in der Johannesstraße, Mai 2005.

den sollte. Die wichtigste Sperre waren die Fußgängerbereiche. Erfurt war die erste Stadt in der DDR, die einen Fußgängerbereich mit Straßenbahn plante und realisierte. Dieser ist für die Urbanität bis in die Gegenwart von durchschlagendem Erfolg.

Eine Schwachstelle allerdings hatte das Zellenprinzip: die als Andreasviertel geläufige nördliche Innenstadt. Das Quartier gehört zwar zur historischen Altstadt, hat jedoch als Lebensbereich der unterprivilegierten Schichten der mittelalterlichen Stadt gegenüber dem Kernbereich eine gänzlich andere Struktur. Die engen Gassen schienen mir durch den PKW-Verkehr stark gefährdet zu sein. Folgerichtig galt es jeden Fremdverkehr abzudrängen und den Anwohnerverkehr einzuschränken. Der Preis für die flächendeckende Verkehrsberuhigung des Andreasviertels konnte der Ausbau einer einzigen der Gassen sein. Diesbezügliche Sondierungsplanungen mit Lösungsvarianten hatten aber alle zu große Substanzverluste zur Folge, erreichten das Ziel der Verkehrsberuhigung nicht im gewünschten Maße und wurden deshalb verworfen.

Ein völlige Umorientierung brachte die Baupolitik der 1980er-Jahre mit sich. Man schwenkte von der Außenerweiterung der Städte um zu einer Innenentwicklung, die indes nicht als Sanierung, sondern als Abriss und Neubebau-

Die Pergamentergasse 33 im Januar 1989, heute eine gern besuchte Gaststätte (rechte Seite).

ung in industrieller Bauweise verstanden wurde. Für die Altstadt Erfurts bedeutete das den Abriss ganzer Altstadtquartiere, darunter Magdeburger Allee, Huttenplatz, Andreasviertel, Fischersand, Neuerbe. Auf den Abrissflächen war nun eine realistische Planung nicht nur für neue Stadtquartiere, sondern auch für eine Straßentrasse Huttenplatz–Domplatz gegeben. Eine Erweiterung der 5,50 Meter breiten Pergamentergasse auf 6,50 Meter erwies sich für die Verkehrsberuhigung des Andreasviertels als ausreichend und nun machbar. Von einer »Autobahntrasse durch das Andreasviertel«, wie seinerzeit zugespitzt und provokant in einer Ausstellung verbreitet, kann allerdings überhaupt keine Rede sein. Die politische Wende von 1989 hat den Abriss des Andreasviertels für den Wohnungsneubau und damit auch die relativ geringfügige Verbreiterung der Pergamentergasse aufgehalten. Von einer flächendeckenden Verkehrsberuhigung des Andreasviertels kann allerdings auch keine Rede mehr sein, heute ist der PKW-Verkehr dort stärker als je zuvor.

Die Beschlüsse des VIII. Parteitags der SED (1972) zum Wohnungsbauprogramm waren in jeder Beziehung folgenschwer, weil der Stadt gewissermaßen aus dem Stand heraus in jedem Jahr bis zu 2000 Wohnungen anzufügen waren. Im Rückblick auf die Stadtgeschichte war dies neben der Gründerzeit die größte Stadtextension. Erfurt stand in den ausgehenden 1960er-Jahren mit einer solchen Anforderung durchaus nicht allein. Ähnliche Programme waren auch in westeuropäischen Großstädten angelaufen, so dass in der Fachliteratur umfassend über das Denkgebäude städtebaulicher Entwicklungsprinzipien publiziert wurde. Mir schienen die so genannten Achsenkonzepte in Hamburg und Stockholm die geeignetsten Beispiele für die in Erfurt anstehende Aufgabe zu sein. Der Konsens mit dem damaligen Stadtarchitekten Walter Nitsch und seinem Planungsteam war schnell hergestellt, so dass die Stadterweiterung in den 1970er-Jahren nach Norden und im Jahrzehnt darauf nach Südosten konzipiert und umgesetzt werden konnte. Allerdings wurde damit aus der bis dahin relativ konzentrischen Stadtgestalt Erfurts eine Art Bandstadt großer Länge. Ich habe diese Verkehrskonzepte mehrfach auf internationalen Tagungen vorstellen können und dabei erfahren, dass wir uns in Erfurt durchaus auf der Höhe der städtebaulichen Auffassungen des Westens befanden. Konsequenterweise war auf diesem Feld der Stadtentwicklung die voraussichtliche Entwicklung der Lebensweise, insbesondere im Hinblick auf die Sicherung der Mobilität und der Wohnqualität, Ausgangspunkt aller Überlegungen. Im Ergebnis des Wohnungsbauprogramms entstanden in Erfurt u. a. die zweifellos modernste Straßenbahn der DDR und große neue Straßenzüge, ohne deren Existenz die relativ problemlose Bewältigung der heutigen Verkehrsströme überhaupt nicht denkbar wäre. Als Beispiele mögen der Knoten Schmidtstedter Brücke und die neue B 4 im Borntal genannt sein, die große ingenieurtechnische Leistungen ihrer Zeit waren. Ich sah die große Chance einer verträglichen Stadtentwicklung insbesondere in der weit vorausschauenden Planung. Das vorherrschende Planungssystem bot dafür, wenn man es in geeigneter Weise nutzte, große Möglichkeiten. Die Definition von Verkehrs-

33a

Eckbebauung Michaelisstraße / Allerheiligenstraße, 2005.

korridoren, die Konzentration der stadttechnischen Infrastrukturen in diesen Korridoren und die Lenkung von unverträglichen Nutzungsarten, wie es z.B. der Verkehr für den Wohnungsbau ist, in andere Bereiche, bereiteten einer hohen Wirtschaftlichkeit den Weg. (Diese Planungsphilosophie fand nach der Wende keine Fortsetzung, weil die Eigentumsfrage an Grund und Boden einen völlig anderen Stellenwert bekam.)

Die Stadtplaner, also auch wir Verkehrsplaner, bekamen die »bleierne Zeit« insbesondere in den letzten zwei Jahren vor der Wende von 1989 nachhaltig zu spüren. In unserem Arbeitsfeld fielen praktisch keine Entscheidungen mehr. So wirkte die Wende wie eine Befreiung. Der Neuanfang war von einem unglaublich vielschichtigen Neben- und Übereinander aktueller Probleme und langfristiger Programme gekennzeichnet. Unter den dringenden städtischen Aufgaben ragte die vom Thüringer Innenministerium finanzierte Notsicherung verfallender Gebäude heraus. Es waren vor allem die Eckgebäude in der Altstadt, deren rasche Sanierung anstoßende Wirkung für die Substanz in der Reihe haben sollte. Die zweifellos spektakulärste Ecke war der »Naumburgische Keller« an der Michaelisstraße/Benediktplatz. Dieses Gebäude ließ wenig später durch sein freigelegtes und saniertes Fachwerk, seine neuen altstadtgerechten Fenster und auch in Farbproben angedeutete Schönheit die Erfurter ahnen, in welcher Weise die Altstadt auferstehen würde. Die anschließende Michaelisstraße wirkte durch ihre Ausgestaltung als Sanierungsbeispiel wie eine Ausstellung, in die an den Wochenenden die Erfurter zu Hunderten, ja zu Tausenden strömten. Sie spiegelte wie kaum eine andere Altstadtstraße die ganze Vielfalt der anstehenden Probleme wider. Neben den klassischen Sanierungsaufgaben waren auch Lückenschließungen durch Neubauten und Ersatzbauten anstelle von nicht zu haltenden Gebäuden erforderlich. Damit wurde auch die bis heute anhaltende Diskussion entfacht, welche gegenwärtige Architektursprache der historischen Altstadt gemäß ist.

Das Andreasviertel – seinerzeit Auslöser der Bürgerbewegung – hat allerdings aus heutiger Sicht einen Lauf genommen, der hinter den Erwartungen vieler weit zurückgeblieben ist. Die Substanz, die noch zu halten war, wurde notgesichert. Durch eine Veränderungssperre und Bebauungspläne wurde auch ein baurechtliches

Pergamentergasse 30 und 30a/ Ecke Michaelisstraße, Juni 1990 (oben).

Die Pergamentergasse im Januar 1989 (unten). »Die Häuser der rechten Straßenseite sollten abgebrochen werden, um der geplanten Autostraße, vom Huttenplatz kommend, Platz zu schaffen«, heißt es auf der Rückseite dieses Fotos aus dem Stadtarchiv.

Netz über das Andreasviertel gespannt, das unkontrollierte Entwicklungen ausschloss. Die durch den Einigungsvertrag vorgegebene Rükkführung des Eigentums indes hat manche Träume zur Übernahme oder zum Erwerb von Grundstücken zur Sanierung oder Neubebauung zerrinnen lassen. Die Entwicklung der Grundstückspreise ist für die geänderten Interessenlagen der alten und vor allem der neuen Grundstückseigentümer ein eindrucksvoller Beleg. So ist das Andreasviertel in seiner ganzen Unvollkommenheit von anderen prachtvollen Altstadtquartieren und Straßenzügen weit überholt worden und in den Schatten der Stadt zurückgetreten, auf den Platz, von dem es gekommen war.

Es ist, als ob eine Stadt Gene hätte, die ihre Strukturen und Bedeutungsunterschiede von Anfang an prägen. Als ein solches »Gen« zeigt sich die durch Erfurt verlaufende uralte Handelsstraße Via regia. Ihre Straßenzüge und die Plätze in ihrem Verlauf haben auf berückende Art ihre Urbanität zurückgewonnen und stimulierend auf die wichtigsten Häuser gewirkt. Die Häuser »Zum güldenen Rad« etwa oder »Zum Krönbacken«, auch »Zum Paradies und Esel« sind nicht nur sehenswert, sondern auch erlebbare Geschichte. Zugleich strahlen sie auf ihre meist unbedeutenderen Nachbarhäuser aus und erhöhen deren Wert im Ensemble. So präsentiert sich Erfurt heute in einem Glanz, wie es ihn nie zuvor gehabt hat und auch nie wieder haben wird. Die fast durchgängig sanierten Straßenzüge, auch optisch auf gleich hohem Niveau, haben fast etwas Unwirkliches. So ist das Bild von heute ein Ausnahmebild, das den jetzt Lebenden unvergesslich sein sollte.

Parallel zu den ersten Sanierungsschritten war der planerische Gesamtweg der Stadt zu skizzieren. Spielte in der DDR-Stadtplanung das Eigentum an Grund und Boden praktisch keine Rolle, bedeutete die neue Rechtsordnung eine Umkehrung, fast einen Salto. Neue Planungsphilosophien, die wieder auf der Parzellenstruktur basierten und die Mitwirkung der Eigentümer und Bürger voraussetzten, waren zu finden. Angesichts eines Stadtparlaments aus 150 Mitgliedern, aus der Heterogenität der Runden Tische geboren, war ein ruhiges Abwägen langfristiger Zielstellungen wohl nicht möglich. Dennoch habe ich versucht, im Magistrat und unter den politischen Parteien zunächst eine gemeinsame Plattform für das »Wie« zu schaffen. Meine »25 Thesen zur Stadtentwicklung« indes fanden keine Interessenten und wurden

Pergamentergasse 1–12. Diese Häuser sollten 1989 abgerissen werden.

auf diese Weise kein Reglement. Die Tagesaufgaben waren zwar drängend, verleiteten aber auch zu überhasteten Entscheidungen, von denen sich manche im Rückblick als Fehler erwiesen. Aber vielleicht muss eine Stadt aus einer solchen Situation heraus auch Fehlentwicklungen selbst dann tragen, wenn sie schmerzhaft sind. Die Fehlerquote allerdings ist erstaunlich gering.

Erfolgreich war der von einem renommierten Büro aus Hannover verfasste Verkehrsentwicklungsplan. Ausgenommen die Trasse der Pergamentergasse enthielt er praktisch alle Elemente der Verkehrsplanung aus der Vorwendezeit und bestätigte damit deren Zukunftsfähigkeit. Neu in dieser Planung sind der »Erfurter Ring« und die weitere Ausdehnung der Stadtbahntrassen. Beide sind in nur kurzer Zeit eine ausgesprochene Erfolgsstory geworden und schließen die Entwicklung der Verkehrsinfrastruktur für Erfurt ab.

Ebenso prägend war aus der Feder des Stadtplanungsamtes der Rahmenplan für die Innenstadt von Erfurt, der die Öffentlichkeit kaum erreichte, aber der Konsensbildung innerhalb der Bauverwaltung und in gewissem Maße auch mit den politischen Parteien des Rates diente. In der DDR-Zeit bestand die Absicht, die räumliche Grundstruktur der Altstadt zu brechen und entlang der Gera einen durchgehenden Grünzug zu schaffen. Diese Absicht war der größte Eingriff in das Flächendenkmal Erfurt, weil er in einer Nutzungsänderung mündete – aus bebauten Flächen sollten Freiflächen werden. Die bereits getätigten umfangreichen Abrisse nördlich der Krämerbrücke waren der Beginn. Ich hatte den festen Vorsatz, diese brutalen Eingriffe zu heilen und die Bebauung

Restaurierte Häuser in der neu gepflasterten Pergamentergasse heute.

wieder behutsam an die Krämerbrücke heranzuführen, die lieb gewonnene Terrasse nördlich der Brücke indes zu halten. Diesbezügliche Bebauungspläne wurden aber zu meinem Erstaunen vom Rat abgelehnt. Die Eingriffe der DDR-Zeit erhielten so gerade an dieser sensiblen Stelle eine nachträgliche Legitimation. Dennoch war wenige Jahre nach der Wende die Sanierung der Altstadt so weit vorangekommen und ihr Gesamteindruck so überzeugend, dass ich für die Stadt Erfurt die Goldmedaille eines Bundeswettbewerbes entgegennehmen konnte. Dieses Gold, rechts neben der Rathauspforte angebracht, ist mein schönstes. Nicht weniger spektakulär als die Wiedergeburt der Altstadt vollzog sich der Wiedergewinn des prächtigen Gründerzeitgürtels, der einen wahren Schatz Erfurts darstellt. Nach 15 Jahren Sanierung leuchten die meisten Straßenzüge dieser bis zu fünf Straßen tiefen Quartiere in einer Pracht auf, wie sie die Erfurter wohl kaum für möglich gehalten haben. Der reiche bauplastische Schmuck, den insbesondere die Häuser im Süden und Westen der Stadt aufweisen, ist nun in seiner ganzen Originalität zu sehen. Längst haben sich einige Bereiche der Gründerzeit als die gesuchten Wohnquartiere der Stadt erwiesen.

Die Jahre unmittelbar nach der Wende waren eine Zeit der Euphorie. Obwohl mir aus meiner Arbeit auf dem Gebiet der Verkehrssoziologie vor der Wende der zunächst noch sanfte demografische Wandel zu abnehmenden Bevölkerungszahlen bekannt war, überdeckte der Geist der neuen Zeit nüchterne Überlegungen zur Bevölkerungsentwicklung. Am Ende meiner Amtszeit war deutlich geworden, dass sich die Bevölkerungsabnahme auch unter der Decke des Aufschwungs weiter vollzog, ja, beschleunigte. Damit erweist sich eine Reihe von städtebaulichen Vorhaben als zu groß angelegt. Nahezu unbemerkt vollzog und vollzieht sich ein städtebaulicher Paradigmenwechsel, der die Stadt in eine gänzlich andere Richtung drängen und andere Maßstäbe setzen wird, langsam zwar, aber dennoch unaufhaltsam. Auch diesen Wandel werden wir erleben und sehen.

Die Gründerzeitviertel: urbaner Lebensraum inmitten 100 Jahre alter Häuser

Von Winfried Kiermeier

Der 1945 in Erfurt geborene Leiter des Amtes für Baukoordinierung, Stadterneuerung und Denkmalpflege wuchs dort auf, worüber er in diesem Buch schreibt: in der zur Krämpfervorstadt gehörenden Geschwister-Scholl-Straße. Von früh an vertraut mit dem urbanen Leben dieses Gründerzeitviertels ist seine besondere Hinwendung zu diesen bis zur Wende stark vernachlässigten Gebieten nur zu verständlich. Nach der Lehre als Betonbauer und dem Studium an der Erfurter Ingenieurschule für Bauwesen war er zunächst im Wohnungsbaukombinat Erfurt tätig. Seit 1968 ist er als Mitarbeiter und schließlich leitender Angestellter der Stadtverwaltung sehr eng mit dem hiesigen Wohnungsbaugeschehen verbunden.

Brühlervorstadt, Krämpfervorstadt, Andreasvorstadt, Johannesvorstadt: Wie rund 50 neue Fabriken vor allem im Osten und Norden Erfurts brachte der wirtschaftliche Aufschwung nach dem Sieg Deutschlands über Frankreich im Jahr 1871 auch neue Wohnquartiere hervor. Gruppiert wurden sie um die Altstadt, welche bis zur Gründerzeit der alleinige Lebensraum der Bürger gewesen war. So rasant, wie sich der Maschinenbau, die Waffenindustrie, die Schuhproduktion, Aktiengesellschaften, der Gartenbau, die Eisenbahn und vor allem die Baubranche entwickelten, so explodierten auch förmlich die Bevölkerungszahlen. Zählte man 1871 noch 43 616 Einwohner, waren es 1890 bereits 72 360 und im Jahre 1900 schon über 85 000. Sechs Jahre später war erstmals die magische Zahl von 100 000 Einwohnern erreicht. In Erfurt gab es Arbeit, viele zog es vom Land in die Stadt. Während anfänglich noch Unterkünfte in der Altstadt genutzt wurden, waren diese alsbald überbelegt und im Hinblick auf die räumlichen wie auch die hygienischen Zustände zunehmend problematisch geworden. Der Bau neuer Wohnungen, ja ganzer Quartiere, erwies sich als unumgänglich. Da man zur Fabrik nur zu Fuß gehen konnte, war es folgerichtig, dass die neuen Wohnviertel in unmittelbarer Nähe der Fabriken errichtet wurden. Der Magistrat der Stadt stellte sich dieser Herausforderung und bewies bei seinen Aktivitäten und Planungen ein hohes Maß an Kreativität. Es musste sicher, schnell und selbstverständlich ökonomisch gebaut, und gleichzeitig die innerstädtische Infrastruktur vorangetrieben werden. Eine überarbeitete Bauordnung und die gezielte Grundstücksvergabe durch den Magistrat verhinderten in Erfurt, was in Berlin als Mietskasernenbau unrühmlich bekannt wurde. Der systematische Ausbau des öffentlichen Nahverkehrs, das Anlegen von Park- und Grünanlagen, das Pflanzen von Straßenbäumen, der Bau von Schulen, Kinderspielplätzen, öffentlichen Badeanstalten und dem ersten Freibad der Stadt gehörten dazu. Entscheidend war auch das Anlegen des Flutgrabens zum besseren Schutz vor Hochwasser und das Verfüllen des Flussbettes der Wilden Gera im Verlauf des ersten mittelalterlichen Mauerrings. Alleeartige, breite Ausfallstraßen wie Nordhäuser-, Leipziger und Arnstädter Straße waren Bestandteile der Gründerzeitgebiete. Besonders deutlich ist das noch heute in der Magdeburger Allee, welche bereits 1910 in das eingemeindete Ilversgehofen führte. Vorausschauend wurden aber auch Flächen bewusst nicht vergeben bzw. nicht bebaut, um für die Weiterentwicklung der Stadt sinnbildlich die Wege nicht zu verbauen. Diese neue geografische Gliederung bestimmt das Stadtbild Erfurts bis heute unverändert. Zugleich gilt die Zeit von 1890 bis 1914 als entscheidend für das Entstehen einer neuen Stadtbaukunst und Stadtplanung in Erfurt.

Im weiteren Verlauf der Industrialisierung und dem damit einhergehenden Anwachsen der Einwohnerzahlen wuchs auch der Bedarf an Wohnungen immer weiter. Um diese bereitstellen zu können, suchte man nach dem Ersten Weltkrieg nach neuen Wegen. Während es den meisten Privatpersonen unmöglich war, erschwingliche Mietwohnungen zu schaffen, entstand so beispielsweise das Modell einer Wohnungsführsorgegesellschaft als treuhänderische Hilfsgesellschaft. Den Bauherren und Baugenossenschaften wurden alle behördlichen Zuarbeiten abgenommen. Darüber hinaus reichte diese Form neuer Dienstleistung bis zur Erschließung des Baugeländes und der Vermittlung von Baustoffen und Bauzubehörteilen. Die

Brühlervorstadt erfuhr auf diese Weise ihre Erweiterung im Bereich der Clara-Zetkin-Straße/Häßlerstraße. Gleichzeitig begannen große Industrieunternehmen mit dem Bau erster Werkswohnungen für ihre Mitarbeiter. Soziale, gesellschaftliche und ökonomische Veränderungen warfen nun neue Fragen nach Wohnkultur, Lebensräumen und Stilen auf. Praktische Antworten sind z. B. an der Auflösung des städtischen Gliederungsprinzips von Straße und Baublocks abzulesen. Die in den 1920er-Jahren entstandene »Weiße Stadt« – eine Blockbebauung in der Dortmunder, der Hamburger und der Flensburger Straße – spiegelt diese Entwicklung deutlich wieder.

Von Bombardierungen im Zweiten Weltkrieg waren insbesondere die Altstadt, weniger die Gründerzeitgebiete betroffen. Das ist ein Grund dafür, dass die Gründerzeitgebiete sich bis in die 1960er-Jahre weiterentwickeln konnten. Allerdings entstanden ab 1955 in großem Maßstab reine Wohngebiete in aufgelockerter Zeilenbebauung; das Prinzip der Trennung von Straße und privaten Freiräumen wurde nun vollständig aufgegeben. Die kompakten drei- bis viergeschossigen Baukörper in Montage- bzw. monolithischer Bauweise markieren den Übergang zum industrialisierten Bauen. Mit der Hinwendung zur Großblockbauweise schien dann jegliche Entwicklung der Gründerzeitgebiete für alle Zeiten abgeschlossen. Während neue Bauten in Plattenbauweise wuchsen, passierte in den Gründerzeitgebieten quasi nichts. Mit Verharren, Improvisieren, Umnutzen, Vernachlässigen, Leerstand wegen Unbewohnbarkeit und schleichendem Verfall ist die damalige Situation nur oberflächlich beschrieben. Die künstlich niedrig gehaltenen Mieten blieben zwar stabil, ebenso »stabil« blieb allerdings auch der geringe Komfort in den Wohnungen und ihrem Umfeld. Für Hauseigentümer wurde es immer schwieriger, allein den Bestand zu erhalten. Modernisierung war, da auch in keiner Weise staatlich gefördert oder durch Mieteinnahmen refinanzierbar, die absolute Ausnahme. Viele Eigentümer gaben darum auf und entließen ihre Häuser in die staatliche Zwangsverwaltung. Den Mietern wurde damit suggeriert, dass neue Qualitäten nur in den zentralbeheizten Plattenbauwohnungen zu haben sind. Der Verfall und die um sich greifende Unbewohnbarkeit vieler Häuser führte zwangsläufig zum Wohnungswechsel – manchmal in noch halbwegs intakte Wohnungen im angestammten Gründerzeitgebiet. Doch mehr und mehr blieben diese Stadtteile sich selbst überlassen. Für ihren Erhalt fehlte nicht nur das Geld und das Material, es fehlte auch an Willen, Hoffnung und Begeisterung. Das konnten die in den 1970er-Jahren begonnenen Sanierungsmaßnahmen etwa in der Auen- und der Raiffeisenstraße nicht kompensieren. Das Einheitsfenster oder die aus Brettern gezimmerten Treppengeländer, der Vorgarten mit nun fehlendem Zaun oder gerodeter Hecke wurden zur Norm. Aus heutiger Sicht wurde den Quartieren damit bauliches Leid in erheblichem Maße angetan. Dass diese Viertel überhaupt überlebten, ist dem Engagement und dem Ideenreichtum der Mieter und den verbliebenen Hauseigentümern zu verdanken. Mit den Folgen allerdings müssen sich die Hauseigentümer und die Stadt noch heute auseinandersetzen. Beiden fällt es mitunter finanziell schwer, notwendige Korrekturen vorzunehmen.

Fischersand Nr. 44 im Juni 1996 (linke Seite) und 2005.

Mit der politischen Wende von 1989 wurde dem gesellschaftlich bedingten systematischen Verfall der Gründerzeitgebiete formell ein Ende gesetzt. Die Menschen mussten sich nicht nur, sie wollten sich auch neu orientieren, sowohl persönlich wie im Wohnumfeld. Mit dem Ende der DDR erwachte das Interesse an den innenstadtnahen Wohnvierteln mit ihren Potenzialen an Lebensqualität und Urbanität. Dennoch verlor z. B. die Krämpfervorstadt in dieser Phase innerhalb weniger Jahre mehr als 2000 Einwohner. Nach der durchaus langwierigen Klärung der Eigentumsverhältnisse begannen die alten oder auch die neuen Besitzer ihre Häuser zu sanieren. Es zahlte sich aus, dass die privaten Investitionen durch gegebene Planungssicherheit, ergänzende Investitionen der öffentlichen Hand und steuerliche Anreize begleitet und gesteuert wurden. Der so geschaffene Interessenausgleich ermöglichte es, die technische Infrastruktur zu erneuern, die öffentlichen Räume zu gestalten und das einst lebendige soziale Geflecht der Gründerzeitgebiete zu revitalisieren. Das war notwendig, weil diese nicht nur ein wichtiges Bindeglied zwischen der Altstadt und den Plattenbau- oder den nach 1990 hinzugekommenen Eigenheimgebieten sind, sondern weil sie ausdrückliche Voraussetzung für das gesamtstädtische Funktionieren Erfurts sind.

Wenn heute das Nebeneinander von Wohnen und Arbeiten in den zahlreichen kleinen Handwerksbetrieben funktioniert, die Erfurter ihren Gästen stolz die schönen Fassadenfronten oder den inzwischen »menschlichen« Zuschnitt und Ausstattungsgrad ihrer Wohnungen aus der Gründerzeit zeigen können und anschließend mit der Stadtbahn in wenigen Minuten in der Altstadt sind, um dort weiter zu bummeln, dann nur, weil alle Möglichkeiten nationaler wie europäischer Förderung ausgeschöpft wurden. Von 1994 bis 2001 war das in der Krämpfervorstadt mit dem Modellprogramm URBAN der Europäischen Union der Fall. Darüber hinaus legte die Stadt das Terrain als Sanierungsgebiet nach dem Baugesetzbuch § 142 fest. 1995 gab die EU dem Antrag statt und bewilligte rund 34 Millionen D-Mark Fördergelder mit einer Laufzeit bis 2001. Während sich die klassische Städtebauförderung vor allem um die Beseitigung baulicher Mängel und die Gestaltung öffentlicher Räume bemüht, hat sich das Programm URBAN auf der Basis eines integrierten Stadterneuerungsansatzes auch die soziale Revitalisierung zum Ziel gesetzt. Das Ineinandergreifen beider Programme war für dieses Gründerzeitgebiet ein wahrer Glücksfall. Denn URBAN verdankt die Krämpfervorstadt die Gestaltung von Plätzen, Vorgärten und Innenhöfen, die Verkehrsberuhigung von Straßenräumen und viele neue Bäume, die Neuordnung des Gewerbegebietes Ladestraße, die Sanierung der weiträumigen Anlagen für Kinder und Jugendliche an der Halleschen Straße und anderes mehr. Beispielhaft ist hier auch abzulesen, was das Engagement und die Zusammenarbeit von Kindern, Jugendlichen, Trägern, Vereinen und der Stadt bewirken können. Selbst nach Auslaufen des URBAN-Programms hält diese positive Entwicklung an, wobei wir nicht übersehen, dass nicht mehr genutzte ehemalige Industriestandorte in diesem Gebiet ein noch zu lösendes problematisches Kapitel darstellen. Der Zusammenhang zwischen verlassenen Industriestandorten und neuer Wohnortqualität ist unverkennbar. Mittlerweile sind in diesem Gebiet, trotz eines allgemeinen Rückgangs der Einwohnerzahl von Erfurt, steigende Einwohnerzahlen zu verzeichnen – ein deutliches Zeichen dafür, dass die nach der Wende getroffenen Entscheidungen in der Sache notwendig und richtig waren.

Das Straßenbild von vor 100 Jahren hat sich aber trotzdem geändert, spielende Kinder z. B. gehören leider immer seltener dazu, ein Fakt, welcher mittel- oder langfristig neue Herausforderungen erwarten lässt. Man kann es bedauern oder auch als unbedeutend abtun: Zur

Nach der Wende sanierte Gründerzeitbauten in der Schillerstraße.

H
Kaffeetrichter
5 Zoopark
60 61 Erfurt Busbahnhof
163 Erfurt Busbahnhof
350 Erfurt Busbahnhof
Nachtnetz

Lebendigkeit der Quartiere reichen sanierte Häuser und der gestaltete öffentliche Raum allein und auf Dauer nicht aus. Bürgerschaftliches Engagement und das Interesse für das eigene Wohnumfeld müssen bei Bewohnern und kommunalen Entscheidungsträgern gefördert und weiterentwickelt werden. Wie sich Bürgerinnen und Bürger für ihr Wohngebiet eingesetzt haben und noch engagieren zeigen das beendete Programm URBAN in der Krämpfervorstadt und das aktuelle Programm »Soziale Stadt« in der Andreas- und Johannesvorstadt. Vorrangige Aufgabe wird es aber in Zukunft sein, auf die neu heranreifenden Probleme so früh und kreativ zu reagieren, dass uns die Wirklichkeit nicht überholt. Sinkende Einwohnerzahlen sowie Leerstand von Wohnungen, Geschäften oder ehemaligen Produktionsstandorten konfrontieren eine bisher nur auf Wachstum und Erweiterung beruhende Stadtentwicklung mit völlig neuen Fakten. Ein von uns eingeführtes und regelmäßig auszuwertendes großes Stadtbeobachtungssystem versetzt uns in die Situation, keinesfalls von unliebsamen Entwicklungen überrascht zu werden. Die wieder lebenswert gewordenen Gründerzeitgebiete in Erfurt haben eine Zukunft.

Ecke Carmerstraße, Rathenaustraße in Richtung Geschwister-Scholl-Straße, im Juni 1996 (linke Seite) und heute.

Wir suchten die Öffentlichkeit gegen den Verfall mit System

Nach einem Gespräch mit Ludwig Volkmann, Mitinitiator der von der Schließung bedrohten Ausstellung »Stadtgerechter Verkehr – verkehrsgerechte Stadt« im Mai/Juli 1988 in der Michaeliskirche

Die gerettete und weithin sanierte Erfurter Altstadt, das erfahren Einheimische und Gäste gleichermaßen, begeistert – zweifelsfrei auch wegen ihrer nach Bamberg einzigartigen Größe und Geschlossenheit. Ursächlich ist das auch einer Bewegung zu danken, die sich wenige Jahre vor der politischen Wende von 1989 unter dem Dach der evangelischen Kirche etablierte, später als «Bürgerinitiative Altstadtentwicklung Erfurt« weitergeführt wurde und im Sommer 1988 in der Michaeliskirche mit der permanent von Schließung bedrohten Ausstellung »Stadtgerechter Verkehr – verkehrsgerechte Stadt« aufhorchen ließ.

Teilnehmer der Menschenkette am 10. Dezember 1989

Ludwig Volkmann, in Erfurt seit 1983 zu Hause und seit über zehn Jahren Chef des Restaurierungsateliers COREON, war Mitinitiator der damals von rund 12 000 Menschen besuchten Ausstellung. Im Gespräch erinnert er sich an jene bewegte Zeit.

Wenn man wie Ludwig Volkmann (Jahrgang 1957) in einem Elternhaus groß wird, in welchem Kunst, Geschichte und Theologie zum Alltag gehören, ist das Thema Denkmalpflege nicht weit entfernt. Und wenn man als junger Mann so in die Entscheidung für den späteren anspruchsvollen Beruf hineinwächst, dann hat man natürlich auch ein besonders waches und kritisches Auge für die gebaute Umgebung. »Man musste kein Fachmann sein um zu sehen, dass, wie in der ganzen DDR, auch in Erfurt, immer mehr Substanz den Bach runtergeht. Vielleicht aber staut sich beim Insider schneller und stärker das Gefühl an, dass es reicht, dass nun unbedingt etwas getan werden muss. Wenn sich fachliche Kenntnis und persönlicher Wille paaren, ist es auch nicht mehr schwer, Gleichgesinnte zu finden.« Der inzwischen verstorbene Pfarrer Hartmann, Matthias und Katrin Sengewald, Dieter Stark und Burghard Knopf, Katrin Nitsch und Marion Döge sowie die bis heute in der Denkmalpflege tätigen Thomas Staemmler und Holger Reinhardt stehen für noch andere Gleichgesinnte, die es nicht beim Klagen in den Nischen belassen, sondern Initiative zeigen und an die Öffentlichkeit gehen wollten. »Zunächst hatten wir geglaubt, mit dem einzigen legalen Mittel jener Jahre, der persönlichen Eingabe an den Rat der Stadt oder andere Institutionen, bei der Politik Gehör zu finden. Aber außer einem gewissen Wirbel in den Amtsstuben haben wir zunächst nichts Wirkliches bewegt. Der Verfall in den offiziell als ›materiell und moralisch verschlissen‹ eingestuften Altstadtvierteln ging Jahr für Jahr weiter. Dies

Abrissreife Altbauten in der Webergasse, Zustand 1990.

mehr und mehr auch gezielt, um, wie am Huttenplatz bereits sichtbar, dem Stadtbild immer mehr alte Zähne ziehen zu können und so Platz für Plattenneubauten zu schaffen.« Als dann gelbe Markierungspunkte von Vermessern entlang des geplanten Straßenringverlaufes entdeckt wurden, schrillten bei den Männern und Frauen der Bürgerbewegung die Alarmglocken. »Wir wussten ziemlich genau, welch weit reichenden Folgen dieser Straßenausbau für die gesamte Altstadt hat, denn wir hatten uns in der Literatur, auch der des als Verkehrsplaner ausgewiesenen Fachmanns Saitz kundig gemacht.« (In der Laudatio auf einen Preis wird sich das später so lesen: »Aus der schmalen Gasse sollte zuerst eine vierspurige, dann eine zweispurige Straße mit Vorbehaltsfläche für zwei weitere Spuren werden. Der Abriss war für den Winter 1989/1990 vorgesehen.«)

Doch wie konnten wir die Öffentlichkeit ins Boot holen? Da es sich um ein alle angehendes gesellschaftliches Problem handelte, wollte man nicht zuerst in einer Kirche den geeigneten Raum finden. Vielleicht wäre der Kulturbund mit seinen Interessengemeinschaften ein geeignetes Forum? Dessen Leitung aber wies, wie nicht anders zu erwarten, das Ansinnen einer gegen städtische Vorhaben gerichteten Ausstellung »freundlich, aber bestimmt« ab. Die Kirche blieb als einzige Chance. »Pfarrer Hartmann hatte das Kreuz und das Vertrauen in unser Vorhaben. In meinem früheren Denkmalpflegebetrieb boten sich technische Möglichkeiten an. Nur das benötigte Papier mussten wir selbst besorgen

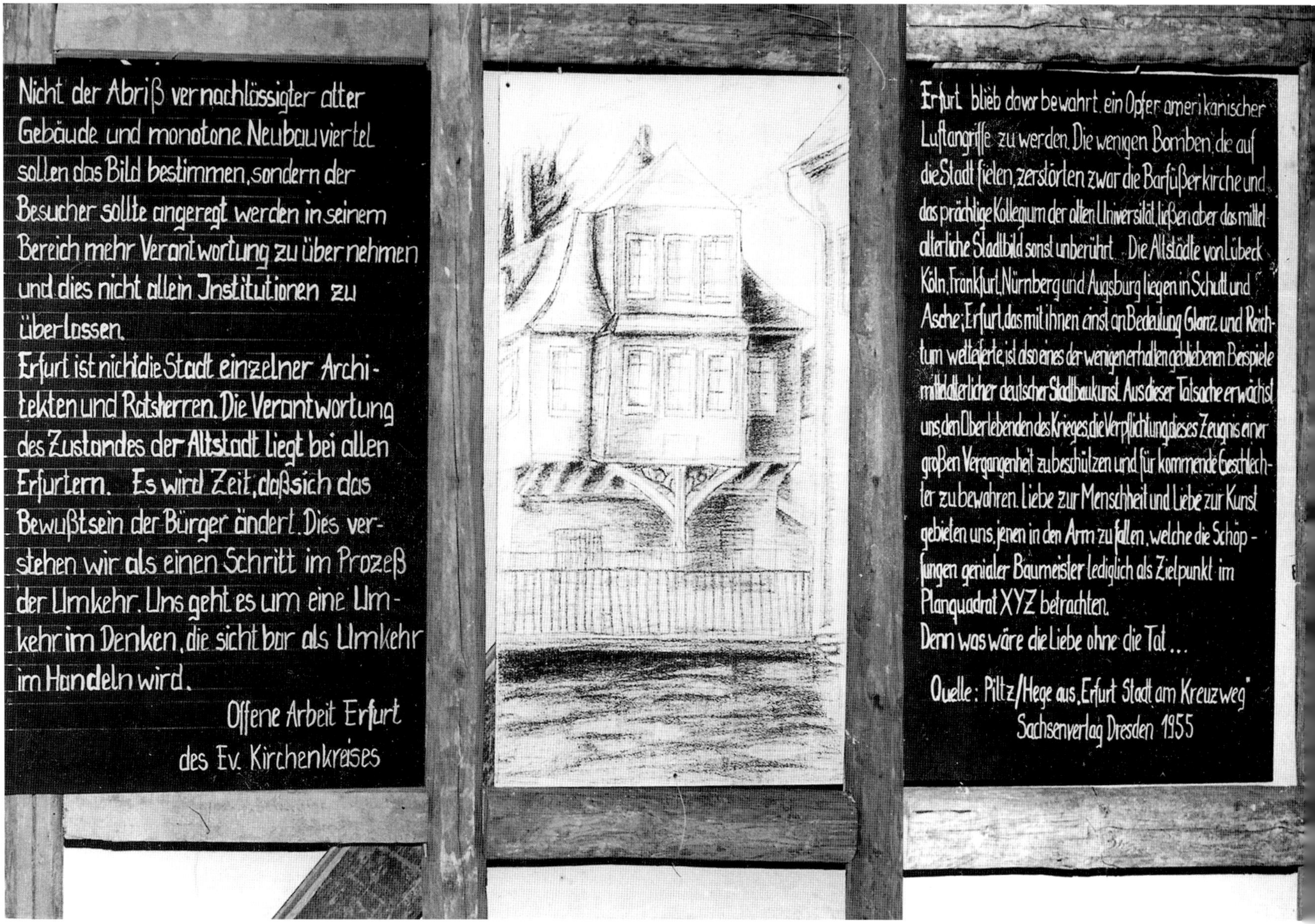

und mitbringen.« Ein Jahr lang haben etwa ein Dutzend junge Leute recherchiert. Sie haben fotografiert, gezeichnet, gemalt, sich sachkundig gemacht von A wie Altstadt und Autobahn bis R wie Radweg und Rekonstruktion. Noch weit entfernt von den heute selbstverständlichen Möglichkeiten der Computersimulation, wurde einerseits auf Fotos, Zeichnungen und Grundrissen mit Bleistift, Pinsel und Farbe entworfen und montiert, wie die Innenstadt nach den durchgesickerten Plänen künftig aussehen sollte und was dafür wegfallen müsste. Andererseits hatte man für die Ausstellung eigene, fachlich diskutierenswerte Gegenvorschläge entwickelt, welche sich teilweise sogar in der heutigen Verkehrsführung zeigen. »Wir wollten keine Protestausstellung, sondern über Alternativen wenigstens ins Gespräch kommen. Ohne unrealistisch werden zu wollen gehörte dazu natürlich auch eine gewisse Provokation.« Der alles überlagernde Gedanke an einen geschlossenen vierspurigen inneren Stadtring durch die Pergamentergasse und darüber hinaus war eine solche, welche sich auch »in unserem Logo«, einem verbeulten »Erfurter Rad«, zeigen sollte. Die Steilvorlage dafür lieferten allerdings die aufgrund der städtischen Verschwiegenheitspolitik mühsam erschlossenen Erkenntnisse über die Stadtplanung, die mit dieser Straßenführung die eigentliche Provokation darstellte. Schließlich stand ja bereits zu diesen Zeiten die gesamte Innenstadt als Flächendenkmal auf der

Denkmalliste. »Im Ergebnis waren wir davon überzeugt, im Wesentlichen das zu zeigen, was die Stadt vor hat und wovon sonst kaum einer etwas wusste. Wir provozierten und zeigten zugleich Alternativen.«

Die Ausstellung in der Michaeliskirche öffnete am Abend des 10. Mai 1988 – und nichts Besorgniserregendes passierte – »was wir nicht verstanden haben«. Dass die Parteizeitungen davon Notiz nahmen und ihre Leser informierten, hatte ohnehin niemand erwartet. Aber die Staatssicherheit, die Stadtverwaltung? Die Maschinerie lief am Tag darauf an. »Pfarrer Hartmann und Senior Pfarrer Lauszat wurden ins Rathaus einbestellt und mit der Forderung konfrontiert, die Ausstellung sofort zu schließen – sie dachten nicht daran. Auch wir Macher wurden einbestellt. Wiewohl man uns in gewohnter Manier einschüchtern wollte, sollte das Thema andererseits auch nicht zum totalen Politikum werden. Also wurden zwischen uns, dem Stadtarchitekten und dem Verkehrsplaner Gespräche sowie informative Stadtrundgänge in vom Abriss bedrohten Straßen vereinbart. Immerhin hatten wir so erzwungen, was uns vorher verweigert worden war: das öffentliche Gespräch.« Für Ludwig Volkmann »aus heutiger Sicht fast absurde Dinge« schlossen sich an. Als Ergebnis der gemeinsamen Altstadt-Besichtigungen wurden in einem Arbeitskreis, dem auch die an diesem Buch mitwirkenden Wienfried Kiermeier und Klaus Thomann angehörten, Objekte ausgewählt, die als noch rettbar galten. Ohne auch nur einen Deut mehr Kapazität an Material oder Handwerksleistung zur Verfügung gestellt zu bekommen – die Wende war noch nicht in Sicht – »kletterten wir an den Wochenenden auf die Dächer jener ausgewählten Häuser, setzten fehlende Dachziegel ein, die wir zuvor von nicht mehr zu haltenden Gebäuden geholt hatten, und schrieben Schilder, die allen deutlich machen sollten: Hier wird nicht alles abgerissen! – natürlich mit unserem Logo versehen«.

Die Ausstellung in der Michaeliskirche sahen in sechs Wochen rund 12 000 Menschen – ein Riesenerfolg. Die Gästebücher, von denen eines schon nach wenigen Tagen gestohlen worden

Teilnehmer der Menschenkette am 10. Dezember 1989. Jeder Teilnehmer erhielt die Plakette »Ein Bürgerwall für unsere Altstadt«. Zur Bürgerinitiative hatte die Interessengemeinschaft Alte Universität aufgerufen. Treffpunkt war 10 Uhr am Hotel »Kosmos«, Juri-Gagarin-Ring. Bei Kälte und Nebel verteilten die Mitarbeiter des Hotels heißen Tee kostenlos. Am Mittag war die Menschenkette geschlossen und der Nebel sehr dicht geworden.

Während der Veranstaltung kam es zur ersten Sicherheitspartnerschaft mit der Volkspolizei.

war und sich später bei der Stasi wiederfand, waren prall gefüllt. Zu lesen waren zumeist zustimmende Eintragungen und nicht wenige davon – man erinnere sich der allgegenwärtigen Überwachung – mit Name und Anschrift lesbar unterzeichnet. »Die Ausstellung, das wird niemand bestreiten, hat im Bewusstsein der Stadt etwas bewirkt. Klar ist auch, dass unsere Aktion Anteil daran hat, dass der große bauliche Zusammenhang von Erfurts Altstadt gewahrt blieb.« Als sich später, im Dezember 1989, zur Rettung der verfallenden Altstadt eine Menschenkette zusammenfand, konnte Ludwig Volkmann nicht dabei sein. Wohl aber erinnert er sich an das gute Gefühl damals: »Schön, dass das jetzt stattfindet.«

15 Jahre nach diesem Aufbegehren der Erfurter für ihre Altstadt schaut Professor Rudolf Zießler, thüringischer Landeskonservator a. D. voller Hochachtung auf die Bürgerbewegung zurück: »Die Bürgerinitiative der zu Ende gehenden 1980er-Jahre hat viele Abläufe verzögert und somit die Stadt vor manchem Verlust bewahrt. Das muss man allen daran Beteiligten hoch anrechnen.« Das Deutsche Nationalkomitee für Denkmalschutz tat dies 1991 mit der oben bereits angedeuteten Verleihung des Deutschen Preises für Denkmalschutz.

Glockengasse, heutiger Zustand (oben) mit Blick in Richtung Andreasstraße und 1993 (unten links). Vor allem dem Erhalt des Andreasviertels galt die Menschenkette zur Rettung der Altstadt. Das querstehende Gebäude im Hintergrund war bis 1989 Hauptsitz der Staatssicherheit des Bezirkes Erfurt.

Glockengasse, heutiger Zustand (oben).

Blick aus der Andreasstraße in die Glockengasse mit Kinderspielplatz, 1989 (unten links) und aus der Gegenrichtung gesehen 2005 (unten rechts).

Der Fischersand aus östlicher Richtung von der Langen Brücke aus gesehen, im September 1988.

Blick in die entgegengesetzte Richtung auf Rohbauten von Einfamilienhäusern im Juli 1991 (unten) und die Häuser heute (rechte Seite).

P
Anwohner

Andreasstraße, Blick in die Glockengasse, 1983 (oben) und heutiger Zustand (unten).

Blick aus der Marbacher Gasse zur Michaelisstraße, 2004.

Die Sackpfeifenmühle auf der Langen Brücke im April 1993 (linke Seite) – heute eine Gaststätte, im Hintergrund der Dom.

Altstadtquartier Arche/Domplatz – ein Alibi?

Ein Rundgang mit dem Erfurter Architekten Gerhard Schade

In Sachsen 1949 geboren, wo er auch Architektur studierte, kennt Dipl.- Ing. Gerhard Schade die Stadt Erfurt längst wie seine Westentasche und ist ein gefragter Partner, wenn es um Führungen durch denkmalgeschützte Quartiere und Objekte geht. Seit 1974 im Büro des Stadtarchitekten tätig, wechselte er 1990 den Schreibtisch innerhalb Erfurts und trat in das Büro Rittmannsperger + Partner ein.

Dem Gegenüber die Schau zu stehlen, das schaffen die im Kern mittelalterlichen, teils schmalen, erstaunlich hohen Häuser natürlich nicht. Aber man muss sich nur einmal auf die oberste der 70 zu Mariendom und St. Severi führenden Stufen stellen und hinunterschauen auf den Domplatz. Mit den beiden majestätischen Kirchen im Rücken wird ein jeder Betrachter beeindruckt registrieren, was dem Platz fehlen würde ohne die von diesem Standort aus geradezu puppenstubenartigen Fassaden der zum Domplatz zeigenden Arche-Häuser, die auch den Schutzumschlag dieses Buches prägen. (Der für diese Grundstücke bereits seit dem 14. Jahrhundert gebräuchliche Name Arche geht sehr wahrscheinlich zurück auf einen löchrigen,

Häuser am Domplatz vor der Rekonstruktion. Blick in Richtung Kettenstraße/Ecke Stunzengasse im Juli 1991 und heute (rechte Seite).

mit lebenden Fischen gefüllten Holzkasten, den man bis zum Verkauf der Tiere in das damals dort noch vorbeifließende Wasser hängte.)

Der weit gereiste, erfahrene Tourist wird von den Domstufen aus einmal mehr gewahr werden, dass es die außerordentlich vielgestaltige historische Bausubstanz ist, die Erfurt so attraktiv macht. Hier ermüdet das Auge nicht an endlos scheinender Fachwerkidylle, nicht an den sich wiederholenden Häuserzeilen der Gründerzeit, nicht an prachtvollen Villen im verspielten Jugendstil und ebenso wenig an den öffentlichen Bauten, die in den 1920er- und 1930er-Jahren zur Moderne zählten. »Die Altstadt, Erfurts gute Stube, lebt vom Wechsel«, ist Gerhard Schade überzeugt. Ein Teil dieser Vielfalt sind

Seiten 76/77: Neben der baulichen Sanierung denkmalgeschützter Einzelgebäude wurde 1977 mit Modernisierungs- und Erhaltungsarbeiten in einem einzigen Altstadtquartier von vielen, dem Areal Arche/Domplatz, begonnen. Die Arbeiten zogen sich über zehn Jahre hin. Ein weiteres Quartier konnte wegen der äußerst prekär gewordenen wirtschaftlichen Situation bis zum Ende der DDR nicht mehr in Angriff genommen werden.

mannesmann mobilfunk
UHREN
SCHMUCK
DESIGN
Schmuck
ZU VERMIETEN AB FRÜHJAHR 97:
LADENFLÄCHE ca. 110 qm + KG
3 WOHNUNGEN 2 - 3 ZKB (54 - 68 qm)
Info: Dipl. Ing. M. Konig
Tel. 0 61 22/1 50 26

Blumenhaus am Dom
THEATER WAIDSPEICHER
STÄDTISCHE BÜHNEN ERFURT
PUPPENTHEATER
KABARETT "DIE ARCHE"
"DIEARCHE"

Das Haus zum Sonneborn war bis in die siebziger Jahre (oben) soweit verschlissen, dass es abgetragen und neu aufgebaut werden musste (unten). Die Arbeiten begannen noch vor der Wende.

Detailgetreu rekonstruiert wurde auch das repräsentative Eingangsportal.

die Große und die Kleine Arche – innerstädtische Verbindungswege seit dem Mittelalter. Als deren Sanierung begann, hatte Erfurts historischer Kern, und also auch das Quartier Arche/Domplatz, einen Zustand des Verfalls erreicht, den Fachleute sehr exakt bezeichneten: Es war fünf vor zwölf. »Es wurde reihenweise abgerissen, Kampfgruppen machten sich im Rahmen sonnabendlicher Übungen beinahe einen Spaß daraus.« War es ein Alibi, dass sich im Quartier Arche/Domplatz etwas tat? »Die 1980er-Jahre waren ohne Perspektive, die Wirtschaft ging nach unten, der Mangel wurde immer größer und augenscheinlicher. In dieser allenthalben spürbaren Resignation waren Vorhaben wie die Arche noch Lichtblicke.« Mancher, wie der gegenüber dem Hochzeitshaus wohnende Professor, sah darin ein Signal für sich ganz persönlich. Man muss ein Zeichen setzen, dass es sich lohnt, in der Altstadt zu leben und zu wohnen, begründete er sein Engagement für das Gebäude mit der Nr. 16 in dem wahrlich schwierigen Umfeld jener Jahre. »Spätestens 1982/83 war die Gewissheit, dass es doch noch aufwärts gehen könnte, endgültig tot«, erinnert sich Gerhard Schade.

Beim Hineingehen in dieses vergleichsweise kleine Stadtviertel vom Domplatz durch die Mettengasse, in der zwei Menschen mit Regenschirm kaum nebeneinander laufen können, wird diesen oder jenen vielleicht ein wenig Platzangst befallen. Was sich dahinter aber öffnet, macht alles wieder wett. Am Ende der gleichermaßen schmalen wie kurzen Gasse öffnet sich der großräumige, lichte, mit einigem Grün durchwirkte Archehof. Ein Musenhof, wie die Bremer Stadtmusikanten auf dem Brunnen signalisieren. Bis in die siebziger Jahre des vorigen Jahrhunderts war dieser Eindruck eines menschen- und musenfreundlichen Innenhofes nicht zu haben. Erst die damals einsetzende Sanierung von einigen der Arche-Liegenschaften ließ diesen Platz entstehen. »Vom Eigentümer markierte Grundstücksgrenzen waren seinerzeit dafür kein Hindernis; sowieso waren die Grundbücher nicht auf dem aktuellsten Stand.« Bedenkt man, dass für den Hof, wie er sich heute darbietet, einige städtebaulich markante Seiten- und Hintergebäude weichen mussten, war der Preis durchaus hoch. Doch hält sich der Gewinn für jene, die hier leben, und für alle, die durch den Musenhof flanieren, damit wohl die Waage.

Das 1546 erbaute »Haus zum Sonnenborn«. In den achtziger Jahren saniert, wird der frühere Waidjunker- und Biereigenhof seitdem als Hochzeitshaus genutzt.

Eckhaus Marktstraße/Domplatz, 1988 – bereits kurz vor der Wende begann die Rekonstruktion, im Hintergrund der Turm der Allerheiligenkirche (rechte Seite).

Ein Platz zum Schauen ist das. Etwa von den teils verspielt anmutenden Rückfassaden der Fachwerkbauten hinüber auf den dominierenden, alle Blicke auf sich ziehenden ehemaligen Waidspeicher.

Seit seiner 1986/87 vollendeten Sanierung führt er als Spielstätte für das Kabarett »Die Arche« und für das einheimische Puppentheater ein neues Dasein, wie man es sich sinnvoller kaum vorstellen kann. Der zweigeschossige, gotische Bau mit seinen wuchtigen Mauern und dem von zahlreichen Gauben unterbrochenen dreigeschossigen Dach erinnert, wie weitere erhaltene Waidhäuser in der Stadt, an jene mittelalterliche Epoche, da Erfurt europaweit Marktführer in dem aus der Waidpflanze gewonnenen Blaufärbemittel gewesen ist. Auch ohne eine Eintrittskarte für Kabarett oder Puppenspiel zu haben, lohnt es sich, das Hausinnere zu besichtigten. Hut ab gegenüber denen, die vor Jahrhunderten ohne baumarktgängiges Werkzeug und Maschinen die beeindruckend mächtigen Holzkonstruktionen zuwege gebracht haben. Sie waren von solcher Standhaftigkeit – wir kommen gleich darauf zurück –, dass die zum Abriss zweier Häuser in der Nähe bestellte Zugmaschine nicht genug Kraft aufbrachte »und stattdessen ihre Hinterachse verlor«, wie sich Schade erinnert.

Mit dem Gefühl des Respekts vor einer Generationen zurückliegenden Baukunst entlässt auch das nahe gelegene Gebäude »Zum Roten Hause« den Gast. In dem nach der Wende sanierten einstigen Waidjunkerhof fand das Naturkundemuseum beste Bedingungen zur Präsentation seiner Sammlungen.

Außerhalb des Archehofes ist das 1546 erbaute »Haus zum Sonnenborn« der uneingeschränkte Star. Weil dem so ist, reservierte man den früheren Waidjunker- und Biereigenhof auch für die schönste Sache der Welt, das Heiraten. Ein Bauwerk der Renaissance mit einer Bohlenstube, das ist ein würdiges Hochzeitshaus mit einzigartigem Charme. Dabei: Wäre es nach dem obersten Wirtschaftslenker der SED gegangen, hätte Erfurt diese Idee gar nicht realisieren dürfen. Schließlich hatte man zu jener Zeit noch nicht einmal in Berlin ein solches kostbares Hochzeitshaus vorzuweisen. Irgendwie schaffte es die Stadt aber doch, sich an dem hauptstädtischen Vorbehalt vorbeizumogeln. Im bekanntermaßen nicht sehr kirchenfreundlichen Sozialismus dürfte letztlich der durchaus nicht unpolitische Aspekt mitgespielt haben,

»die standesamtlichen Trauungen über ein solches Haus deutlich aufzuwerten«. Die Sanierung wurde zum Abenteuer. »Durch zahlreiche Eingriffe und die damit verbundenen unterschiedlichen Nutzungen, zuletzt als Gaststätte, war die Bausubstanz so stark geschädigt, dass das Gebäude nahezu komplett abgetragen und unter Verwendung historisch wertvoller Bauteile wieder aufgebaut wurde. Dabei machten wir richtig tolle Entdeckungen. So sind wir unter etlichen Schichten von Tapeten auf bemaltes Holz gestoßen. Beim weiteren Freilegen stellte sich das Ganze als Bohlenstube heraus.« Die kostbare, vom Reichtum des mittelalterlichen Hausbesitzers zeugende Einrichtung wurde natürlich repariert und restauriert. Wer das Gebäude heute betrachtet, kann einen Teil der Stube schon an der Außenfassade, direkt

gute Lebensmittel

über dem originalen Portal des Hauses, bewundern. (Die »Renaissanceflügel« des Portals gehen übrigens auf einen Entwurf Schades zurück.) Dem Hochzeitshaus schräg gegenüber steht – wenn auch erst 1990 als Neubau vollendet – mit der »Penne« ein eigentlich traditionsreiches Gasthaus. Der aus zwei Fachwerkgebäuden bestehende Vorgängerbau wurde jedoch abgerissen; was dem bereits erwähnten Traktor nicht gelang und auch nicht gut bekam. »Der für den Neubau zuständige Betrieb hatte mit Fachwerk nichts am Hut. Umso stolzer bin ich darauf, als gliederndes Fassadenelement wenigstens den Einbau des Gesimses durchgesetzt zu haben.« Entstanden ist so ein Neubau, »der nicht verleugnet ein Neubau zu sein, aber auch zugibt, dass er in Erfurt steht«. Für die damalige Zeit war das ein beachtenswertes Ergebnis.

Von der verlassenen Zeile zur überaus beliebten Gastromeile: die östliche Bebauung am Domplatz vor und nach der Wende (linke Seite).

Das aus zwei Fachwerkgebäuden bestehende traditionsreiche Gasthaus »Zur Penne« (linke Seite) musste abgerissen werden. Die Nachfolgebauten wurden 1990 vollendet.

Der Balkon Erfurts

Mit Karsten Grobe auf dem Petersberg unterwegs

Dipl.-Ing. Karsten Grobe (Jahrgang 1944) ist mit dem Bau von Anfang an betraut. Der gelernte Betonbauer und Zimmermann studierte zunächst die Fachrichtung Hochbau in Erfurt, ehe er in Dresden zwei Zusatzstudien absolvierte und diese mit Arbeiten zum Thema »Altbausanierung« bzw. »Zitadelle Petersberg Erfurt« abschloss. Als Leiter des ehrenamtlichen Beirats für Denkmalpflege initiierte und verfasste er im Dezember 1981 eine an den damaligen Rat der Stadt und den Rat des Bezirkes gerichtete kritische Empfehlung zur Erhaltung und Aufwertung des Petersberges. Über viele Jahre in der praktischen Denkmalpflege tätig, tragen in Erfurt auch die Sanierung der Zitadellen Petersberg und Cyriaksburg die Handschrift von Grobe, der seit 1999 als selbstständiger Bauforscher und Denkmalpfleger arbeitet.

Die größte und älteste romanische Kirche Thüringens, die in Hirsauer Bautradition errichtet wurde: die Kirche St. Peter und Paul auf dem Petersberg.

Mit der Wende wieder wahrnehmbar geworden: die gewaltigen Mauern der Festung Petersberg (rechte Seite).

Über Jahrhunderte war die Festung Petersberg, was ein solches Bauwerk sein sollte: uneinnehmbar. Nicht nur möglichen Feinden, auch den Erfurtern war ihr Hausberg Ewigkeiten versperrt. Ernsthaft als Festung geprüft wurde die Anlage im Krieg gegen Napoleon im Jahr 1813. Kanonenkugeln zerstörten dabei auch das 1803 bereits aufgehobene Peterskloster. Was von der Klosterkirche blieb, wurde, ebenso wie der gesamte Petersberg, weiterhin vom Militär genutzt. Erst 1964 zogen die letzten Soldaten ab; 1989 mussten schließlich auch von Staatssicherheit und Polizei genutzte Einrichtungen das Areal räumen. 15 Jahre später ist der Petersberg dank einer frühen Entscheidung der Stadt und der 1990 vom damaligen Baudezernenten Hermann Saitz gegründeten Bauhütte als einstige Festungsanlage wieder wahrnehmbar und als zweite Stadtkrone erlebbar. Ein kleines militärhistorisches Museum in den Kasematten des Peterstores stimmt den Besucher auf die einzigartige Stadtfestung ein.

An den Petersberg, von dessen Bastionen Lothar (mit Richtungstafel »für vergessliche Stadtführer«), Philipp und Martin sich die Altstadt gut betrachten lässt, hatten und haben über die Zeiten viele ihr Herz verloren – wenngleich aus höchst unterschiedlichen Gründen. So auch der Ostberliner Stararchitekt Hermann Henselmann. Ulbricht'sche Vorgaben, den neben Mariendom und St. Severin sich erhebenden Petersberg zum unübersehbaren sozialistischen Höhepunkt und Wahrzeichen der Stadt zu machen, gedachte er monumental umzusetzen. Doch scheiterte dies, so erinnert sich Architekt Klaus Thomann, »wie die meisten hoch gegriffenen Vorhaben, an den zu großen Baukosten und an den fehlenden Baukapazitäten. Henselmanns Entwurf für die Bebauung des Petersberges konnte aufgrund der desolaten baulichen Gesamtsituation der Städte und der ausweglosen wirtschaftlichen Krise des Staates alsbald selbst von der SED nicht mehr vertreten werden«. Einer, dem der Petersberg seit Jahrzehnten am Herzen liegt, ist der in Erfurt beheimatete Bauforscher und Denkmalpfleger Dipl.-Ing. Karsten Grobe. War doch der Petersberg das Thema seiner Arbeit, mit welcher er 1983 das Postgradualstudium Denkmalpflege an der TU Dresden abschloss. Das damit verbundene intensive Forschen in der Baugeschichte und Historie des Petersberges ließ ihn zum gefragten und engagierten Experten für die Zitadelle werden – und das schon 1980, als die Stadt einen ersten Anlauf nahm, öffentlich zugängliche Bereiche des Petersberges zu sanieren. Mit einem als »Subbotnik« deklarierten, groß angelegten »freiwilligen« Arbeitseinsatz von Bauleuten und Helfern aus Erfurt und Umgebung wollte man ein deutliches Signal setzen. Fehlende Baukapazitäten führten aber schon nach zwei Jahren dazu, dass die Pläne zur Umgestaltung der rapid zerfallenden Gesamtanlage in ein Zentrum für Erholung

Das Eingangsportal zur Festung Petersberg im April 1980 und heute (rechte Seite).

und Kultur, wieder ad acta gelegt werden mussten. Im öffentlichen Gedächtnis der Stadt blieb der Petersberg weiterhin außen vor, der Verfall galoppierte. Was u. a. überlebte, war die von Karsten Grobe erarbeitete »denkmalpflegerische Zielstellung«, die, nach erforderlichen Aktualisierungen, seit 1990 kontinuierlich umgesetzt wird. Oberstes Ziel des Papiers ist es, die Zitadelle wieder als Festungsbauwerk sichtbar und über eine denkmalgerechte Nutzung bzw. Umnutzung der vorhandenen Baulichkeiten erlebbar zu machen. »Die Sanierung der gewaltigen Festungsbauwerke war der Nährboden neuen Lebens. Neues Leben heißt vor allem Arbeiten und Wohnen. Wohnen auf der Festung und doch mitten in der Stadt – eine unglaubliche Faszination«, schrieb in einem Buch rückschauend ein damals Verantwortlicher über die begonnene Sanierung. Am Anfang stand auf dem von Garagen und Schuppen überbordenden, vermüllten, an vielen Stellen durch natürliche Pflanzenansiedlung dicht zugewachsenen Gelände eine riesige Entrümpelungsaktion. Der vom Domplatz aus zuletzt nur noch als grüner Hügel wahrnehmbare Berg wurde Stück für Stück wieder als Festung erkennbar. Zugleich offenbarten sich den Bauleuten die immensen Schäden. »Baumwurzeln hatten ganze Mauerschalen zum Einsturz gebracht und machen uns Probleme bis heute«, beschreibt Grobe einen Aspekt der Schäden. Mit der Entrümpelung war sodann auch der Weg frei »zur Sanierung und Restaurierung wichtiger Festungsbauwerke wie die wieder funktionierende Zugbrücke des Anselmitores, wie Kommandantenhaus, Wachgebäude, Pulvermagazine, Wacherker an den Bastionsspitzen, Kaponnieren, Festungsbäckerei u. a., 15 Jahre nach Sanierungsbeginn, sind die Bastionen zu zirka 85 Prozent, also auf etwa einer Länge von 1,8 Kilometern, saniert«.

Den geradezu symbolischen Anfang der Wiederbelebung dieses Areals markierten Sanierungsarbeiten an der Zufahrtsbrücke der neben der Peterskirche stehenden alten Artilleriekaserne (Haus 12) und die Rekonstruktion von zwei Wacherkern. Die im Kern aus dem 17. Jahrhundert stammende Artilleriekaserne wurde im 19. Jahrhundert durch Anbauten ergänzt. In dem nach seiner grundlegenden Sanierung mit Büroräumen bis unter das Dach und einer Cafeteria im Keller genutzten Gebäude, fand das Thüringische Landesamt für Denkmalpflege sein Domizil. Der bauhistorische Star des Berges ist aber sicher die Peterskirche, die größte und älteste romanische Kirche Thüringens, die in Hirsauer Bautradition errichtet wurde. Auch sie, bzw. was davon nach dem Beschuss übrig blieb, veränderte in den letzten Jahren ihr Inneres und Äußeres sichtbar. Behutsame Denkmalpflege hat den ab 1820 als Proviantmagazin der preußischen Garnison umgenutzten Bautorso enorm aufgewertet und einen attraktiven Veranstaltungsort entstehen lassen. Johann Philipp Jung von der Stiftung Thüringer Schlösser und Gärten, welche diese Liegenschaft verwaltet, resümiert: »Im Mittelpunkt der 1991 begonnenen Sanierung standen zunächst steinkonservatorische Maßnahmen am stark verschmutzten und

teils verkrusteten Mauerwerk der Südfassade. Ab 1998 wurde der stark geschädigte Westgiebel mit einem neuen Putz versehen, neue hölzerne Außentüren angebracht und die zuvor verbretterten Fenster erhielten Plexiglasscheiben. Der Schwerpunkt der Arbeiten lag jedoch auf der bestandsbezogenen Herrichtung des mit der Geschosseinteilung des 19. Jahrhunderts überkommenen Innenraumes. Hier wurden störende Einbauten entfernt, die verputzten Wände sorgsam entstaubt und die gesamte Holzkonstruktion mit Marsailler Seifenlauge schonend gereinigt.« Geradezu asketische Hinzufügungen wie die fabelhaften Leuchten im Obergeschoss oder die Foyer-Glaswände im Erdgeschoss ordnen sich dem Ursprünglichen des Baukörpers völlig unter. Ästhetischer Genuss und offen zur Schau getragene Baugeschichte in wohltuender Balance. Die denkmalpflegerisch insgesamt geübte Zurückhaltung lässt jede Möglichkeit für Ideen offen, die sich aus einer breit angelegten Diskussion zum künftigen Umgang mit dem Bauwerk ergeben werden. Vieles wurde schon ausprobiert: Ausstellungen, Konzerte, ein Wettkochen ostdeutscher Spitzenköche gar. Mit Festlegungen zur künftigen Nutzung lässt man sich Zeit und tut wohl gut daran.

Willkürlich hinzugefügte Bauten wie diese (Foto oben, vom April 2000) wurden wieder entfernt und die Festung damit im ursprünglichen Zustand erlebbar. Der gläserne Aussichtspavillion (unten) entstand nach der Wende.

Während an dieser bedeutenden Stelle des Petersberges bauliche Ruhe verordnet wurde, haben Bauhüttenchef Karl-Heinz Walter und seine Mannen an anderen Festungsbauwerken und Mauern weitergearbeitet. Die Unterwelt des Petersberges, in die seit Beginn der touristischen Saison 2001 ein eher unscheinbares kleines Türchen führt, gehört dazu. Durch die im Durchschnitt 1,20 Meter breiten und 1,90 Meter hohen Minengänge im Fuß der Festungsmauern sollten im Belagerungsfall Horchposten patrouillieren, um feindliche Minieure frühzeitig zu entdecken und sie an ihrem Zerstörungswerk zu hindern. Am Ende des Zweiten Weltkrieges dienten die Gänge den Erfurtern bei Fliegeralarm als Luftschutzräume. »Bei einer ersten Begehung dieser Strecke im Jahr 1990 stand hier noch das Luftschutzkellergestühl«, erinnert sich Karl-Heinz Walter. Auf Knien rutschend haben er und seine Leute (zuweilen bis zu 200 ABM-Kräfte) damals begonnen, die mit Abfall und Schutt verfüllten Gänge wieder begehbar zu machen. Besonders gefährlicher Gangabschnitte hatte sich die Bergsicherung Ilfeld angenom-

men. Inzwischen ist das rund 2300 Meter lange unterirdische Areal der Festungsanlage auf über 1700 Meter Länge saniert, begehbar und ein Touristenmagnet. Zirka 1300 Kubikmeter Schutt und Erde wurden hinaus-, und etwa 150 Tonnen Bruchsteine für Treppenstufen und Podeste hineintransportiert. Ähnliche Massen bewegte man auch an anderen Objekten der Festung – vor allem an den Bastionsmauern. Wenn man erfährt, dass die Mauern bis zu 26 Meter hoch und am Fuß bis zu 6,5 Meter dick sind, ist wohl auch dem Laien das Ausmaß der Arbeiten vorstellbar. Zu den geradezu grazilen Prachtstücken der mächtigen Bastionsmauern zählen die nach Originalplänen des kurmainzischen Hofbaumeisters Maximilian von Welsch wieder errichteten Wacherker. Solche Ergänzungen waren auch möglich, weil sich einheimische Handwerkerfirmen als Sponsoren verdient gemacht haben. Doch die Mittel fließen – wie überall, so auch auf dem Petersberg – nur noch spärlich. Zweifellos ist Ulrich Wittich von der Unteren Denkmalbehörde der Stadt beizupflichten, wenn er bilanziert, dass das bis zur Wende stark vernachlässigte Stadtareal seit der 1991 getroffenen Entscheidung, »das bedeutende profane Denkmal Zitadelle Petersberg zu sichern, abschnittsweise zu sanieren und einer möglichst öffentlichen Nutzung zuzuführen«, eine bewundernswerte, unübersehbare Aufwertung erfahren hat. Fakt ist aber auch, dass mit der riesigen Defensionskaserne, die just im touristischen Zentrum des Petersberges vor sich hin dümpelt, ein wahrer »Sanierungsbrocken« noch immer auf Rettung und sinnvolle Nutzung wartet. Ideen dafür kursieren, aber das liebe Geld…

Einer der wiedererrichteten sechs Wacherker auf den Festungsmauern (oben) und ein rekonstruierter Pulverspeicher (unten).

Die ehemalige Gewehrfabrik im Brühl, später Betriebsgelände der »Optima« unterhalb des Petersberges im März 1997 (oben) und heute (unten). Gegenüber der Gewehrfabrik entstand das sich im Rohbau befindende Fünf-Sterne-Hotel »Am Dom« (rechte Seite).

LIEBHERR
DORR

In den Häusern des ehemaligen Funkwerkes unterhalb des Petersberges – früher Kasernengebäude – sind inzwischen moderne Wohnungen entstanden. Mai 1999 und heute (rechte Seite).

Der Anger

Ein attraktives Bilderbuch der Baugeschichte

Blick auf den Anger aus Richtung alter Angerbrunnen heute und um 1980 (rechte Seite).

Im Sommer des Jahres 2005 haben die Erfurter ihren Stadtrat überrascht – positiv, und das noch dazu beim sensiblen Dauerthema Anger. Von der Tageszeitung »Thüringer Allgemeine« befragt, ob sie sich im Sinne höherer Attraktivität und Anziehungskraft des Angermuseums für einheimische Verhältnisse kühne Eingriffe in Teile der Bausubstanz des barocken Bauwerkes vorstellen können und darüber hinaus noch äußerlich unübersehbare gläserne Hinzufügungen hinnehmen würden, sprach sich eine deutliche Mehrheit dafür aus. Kein ablehnender Aufschrei wie vor wenigen Jahren bei der kostspieligen, von den Erfurtern nur widerwillig angenommenen Umgestaltung eines Teils der Platzgestaltung und -möblierung. Kein Spott à la »Vogelbauer«, wie es der gegenüber dem Angermuseum nach der Wende entstandene Neubau eines Buchhauses ertragen muss. Diesmal wurde der Wandel schon im Planungsstadium weitgehend akzeptiert und es somit den Stadträten leicht gemacht, den über neun Millionen Euro teuren Umbau des einstigen kurmainzischen Packhofes zu bewilligen – und zwar einstimmig. An dieses Vorhaben, so sagte der sich für die Umgestaltung vehement engagierende Kulturbeigeordnete Karl-Heinz Kindervater nach der Stadtratssitzung, werde man sich auch in 50 Jahren noch erinnern. Was sich an diesem aktuellen Einzelbeispiel nachvollziehen lässt, betrifft die ganze Geschichte des Markt- und Handelsplatzes Anger, seit er in der Gründerzeit als geeigneter Bauplatz für Handels- und Bankhäuser entdeckt wurde.

Bereits lange Zeit davor war der hier abgehaltene Waidmarkt prägend für den Anger. Der Waid, eine uralte Pflanze aus der Familie der Kreuzblütler, verwandelte die Äcker rund um Erfurt alljährlich um die Pfingstzeit in ein Meer von gelben Teppichen – vergleichbar den Rapsfeldern der Gegenwart. Was in intensiven gelben Blüten in der Sonne wogte und weithin strahlte war bis zur Ablösung durch das billigere Indigo im 17. Jahrhundert die Grundlage für ein vorzügliches, europaweit begehrtes Blaufärbemittel. Anbau, Ernte und entsprechende Verarbeitung waren Sache der Waidbauern auf dem Lande; aufgekauft und vertrieben haben das zu Kugeln geformte Halbprodukt die vorzugsweise in Erfurt lebenden Waidhändler. Nach der Ernte und Aufbereitung des Gutes bis zur Kugelform erschallte vom ersten Sonntag nach Pfingsten bis Michaelis (29. September) täglich außer

Lederwarenhaus

Anger Nr. 6 – 8. Das stattliche Gebäude Nr. 6 wurde erst 2005 saniert und in teils öffentliche Nutzung übergeben. Foto achtziger Jahre und heute (rechte Seite).

sonn- und feiertags auf dem »Gewöhnlichen Weydtmarkt« (Anger) die Waidglocke. Bestallte Kontrolleure prüften gemeinsam mit den Händlern Färbekraft und Qualität der knochenharten, fast schwarzen Kugeln. An die 300 waidbeladene Verkaufswagen konnten zwischen der Kaufmannskirche und der Wigbertikirche auffahren und sich aufstellen. An diese glanzvolle Handelsepoche der Stadt erinnern in der Altstadt erhaltene Wohnstätten der Waidhändler – mehrstöckige Gebäude mit besonders hohen Dächern und ungewohnt vielen Dachgauben, unter denen der Waid gelagert wurde. Auf dem Anger lassen die Häuser »Zum Schwarzen Löwen« (Anger 11) oder »Zum Güldenen Hecht« (Anger 37/38) diese Tradition lebendig werden.

Mit der Gründerzeit wuchsen auf dem Anger Gebäude im Stil des Historismus, die den Maßstab der mittelalterlich geprägten Bau- und Raumstrukturen sprengten. Aber sie entsprachen dem Zeitgeist, dem Streben nach Modernität und der Absicht, den Anger zur attraktivsten Geschäftsstraße von Erfurt zu entwickeln. Jene Aufbruchstimmung hat der Reiseschriftsteller Karl Emil Franzos (1848–1904) miterlebt und um die Wende vom 19. zum 20. Jahrhundert in einem Porträt der Stadt überliefert. Sitzend im Garten des (nicht mehr vorhandenen) »Wiener Cafés« nahe dem Ursulinenkloster, nahm er das Areal so wahr: »Zur Rechten ein Haus aus dem 17. Jahrhundert, der Römische Kaiser, dahinter der dumpfe, düstere Riese aus dem 11. Jahrhundert: die Kaufmannskirche, dann dicht vor dem Beschauer ein hässliches, dürftiges Haus aus dem 18., ein reiches und lustiges aus dem 16. und ein prunkend geschmackloses aus dem 19. Jahrhundert, eben die Post.« Ähnliches gewahrt er, soweit sein Blick die breite Straße hinabreicht: »... zu beiden Seiten Häuser, von denen auch nicht eines dem anderen gleicht; modernste Basarbauten, armselige wacklige Überreste aus der Zopfzeit, nüchterne Nutzbauten des letzten Jahrhunderts, daneben schöne, stattliche Patrizierhäuser der Renaissance, die auf diese Nachbarn herabblicken wie ein wohlerhaltener, vornehmer Greis auf ein junges, entnervtes Geschlecht. Kurz, kaum zwei Häuser nebeneinander, zwischen denen nicht ein ungeheurer Abstand der Erbauungszeit und des Stils läge.« Erfurts künftige »gute Stube« war geboren.

Gott sei Dank nur relativ gering waren die Schäden, die zum Ende des Zweiten Weltkrieges Fliegerbomben in der Innenstadt anrichteten. Sie wurden repariert und mit der Bebauung des Angerecks, die nach der Wende dem bereits erwähnten Buchhaus weichen musste, wurde sogar etwas Neues hinzugefügt, das den Erfurtern gefiel und begehrter Treffpunkt gewesen ist. Da war auch im Osten Deutschlands der Trend angekommen, die Stadtzentren kulturell und touristisch aufzuwerten. Mitte der 1970er-Jahre wurde der Anger mit enormen finanziellen Mitteln zum fast verkehrsfreien, in jedem Falle damaligen Möglichkeiten und Geschmack entsprechenden, großzügigen Fußgängerbereich umgestaltet. Dass Pläne scheiterten, auch die Straßenbahn vom Anger zu nehmen und sie auf einer ganz neu zu findenden Trasse in unmittelbarer Angernähe verkehren zu lassen, erweist sich bis heute als Glücksfall. Andernfalls, so Fachleute aus Ost und West nach einschlägigen Erfahrungen in ihren Wirkungsgebieten, müsste sich die Stadt heute eine eklatante Fehlentscheidung vorwerfen lassen. So aber bewahrt das konfliktfreie Nebeneinander von Straßenbahn und Passanten dem Anger ein gutes Stück seiner Urbanität auch dann, wenn die Geschäfte geschlossen sind und in den Restaurants die Lichter ausgehen.

Mit der Wende veränderte sich das Gesicht von Erfurts »guter Stube« erneut – und es wandelt sich – ganz und gar nicht unmerklich – weiter. Was daraus geworden wäre, wenn der für die Leipziger Innenstadt trotz aller Pleiten so segensreiche Baulöwe Schneider auf dem Anger zum Zuge gekommen wäre, wie quasi um Haaresbreite geschehen, das bleibt im Ungewissen. Der Erfurter Oberbürgermeister dazu: »Ja, auch der

Frankfurt-Leipziger Pleitier Schneider war kurz davor, am Erfurter Anger Fuß zu fassen. Allerdings waren die Ereignisse um die Pleite so schnell, dass unterschriftsreife Verträge in Erfurt Makulatur wurden. Wobei ich hinzufügen muss, dass das, was Herr Schneider vorhatte, der Stadt nicht geschadet hätte.«

Eine der tatsächlichen optischen Veränderungen auf dem Anger wurde im Frühjahr 2000 am Gebäude Nr. 7 sichtbar. Nach Restaurierung, Sanierung und Umbau des bis dahin verputzten Hauses, das eines der letzten mittelalterlichen Handels- und Wohnhäuser am Anger ist, zeigte sich eine Fachwerkfassade, deren älteste Hölzer aus dem 14. Jahrhundert stammen. Mit dem tief ins Hinterland greifenden Haus, das einer Buchhandlung rund 2500 Quadratmeter Präsentationsfläche bietet, wurde das Ensemble des Angers um eine überraschende, manchem zunächst vielleicht gewöhnungsbedürftige Perle reicher und der Anger mit Blick auf den Handel zugleich ein Stück anspruchsvoller.

Nach Restaurierung, Sanierung und Umbau des bis zum Jahr 2000 verputzten Hauses Anger 7 zeigte sich eine Fachwerkfassade, deren älteste Hölzer aus dem 14. Jahrhundert stammen.

Der Anger mit dem vormaligen Centrum-Kaufhaus im Jahr 1989.

Eine ganz andere Seite dieses Buches wurde vor noch gar nicht langer Zeit mit dem Grundstück Anger 55/56 aufgeschlagen, das nahe dem Bartholomäusturm zu finden ist. Im April des Jahres 1824 vermeldete das Erfurter Adreß-Blatt in mehreren Ausgaben »mit Genehmigung des Besitzers« einen Termin zum Verkauf der »Baustätten nebst dem auf der erstgenannten befindlichen Schütthaufe«, an »welchem sich Erwerbslustige einfinden und ihre Gebote abgeben wollen«. Den Zuschlag bekam ein Gerbermeister, der die überkommenen mittelalterlichen Bauten (woran noch heute Kelleranlagen erinnern) in Fachwerkbauweise mit Lehmausfachungen optisch erheblich veränderte. Ab 1874 ist als Eigentümer des Grundstücks Nr. 55 der Erfurter Bankier Adolph Stürcke belegbar, der hier auch Renovierungen vornahm und einzog. Um 1900 aber entschloss sich das Unternehmen zum Abriss des alten Gebäudes und baute stattdessen ein neues Bankhaus. Den Entwurf besorgten die hoch angesehenen Berliner Architekten Erdmann & Spindler; die bis heute vorhandene Drehtür in der Eingangszone öffnete sich erstmals im Frühjahr 1907.

Heute Einkaufszentrum »Anger 1«. Der neue Angerbrunnen des Suhler Künstlers Dörsch konnte nach der Wende vor dem Abriss bewahrt werden.

Das mit roten Sandsteinquadern verblendete Gebäude besticht von außen mit Schmuckelementen, die sich an südamerikanischer Flächenornamentik orientierten – hier in Formen des Jugendstils eingearbeitet. Der Jugendstil setzt sich innen in reicher Ausstattung fort. Die erwähnte Drehtür, das großzügige Treppenhaus, zirka 30 weitere Türen sowie Kamine, Wandverkleidungen, das Parkett in den Räumen und Stuckdecken machen das Erdgeschoss und die Etage darüber zu einem anspruchsvollen Gesamtkunstwerk. Nach dem Krieg als Verwaltungsgebäude und in den ersten Jahren nach der Wende wieder als Bankgebäude genutzt, stand es in den letzten Jahren leer, was jedoch der Substanz nicht ernsthaft geschadet hat. Nun also wird wieder gebaut, restauriert, hinzugefügt und renoviert. Voraussichtlich noch in diesem Jahr wird Baubeginn am Angermuseum und zwei Jahre später das innerstädtische Bilderbuch der Baugeschichte um eine neue Seite ergänzt sein.

Blick aus der Bahnhofstraße auf die Angerecke, Juni 1997.

Angereck, März 1999 (oben).
Abbruch Angereck, Juli 1999 (unten).

Die Nachwende-Neubebauung des Angerecks ist nicht nur bei den Erfurtern umstritten.

Neubebauung der Gebäudelücke hinter der Buchhandlung Peterknecht am Anger aus Richtung Hirschgasse. Der Turm der ehemaligen Bartholomäuskirche am Anger erhielt nach der Wende wieder seine Spitze.

bp Fachbuch
ZONE

Blick in die Bahnhofstraße/Ecke Gartenstraße, Juli 1990 (oben). An Stelle des Wohn- und Geschäftshauses entstand ein attraktives Bankgebäude (unten und rechte Seite).

Dresdner Bank
Juri-Gagarin-Ring
ZONE
frei

debitel
KOMMUNIKATION IST ALLES
center
Techniker Krankenkasse
ALLES 12 EURO

Der Neubau 2005.

Schlösserstraße / Ecke Pilse, vom Anger her gesehen, 1986.

Vor der politischen Wende begonnener Rohbau, 1991.

1993 wurde der Rohbau wieder abgerissen.

Neubebauung der Lücke 1995.

Ecke Schlösserstraße/Junkersand. Auf der Grünfläche stand das Kaufhaus Riebstein, das 1944 wie auch die gegenüberliegenden Gebäude zerbomt wurde. An gleicher Stelle entstand das Kaufhaus Breuninger, gegenüber Kaufhaus C&A (rechte Seite).

BREUNINGER

KAFFEE MÜHLE
TECHNISCHES DENKMAL
UND MUSEUM

Museum »Neue Mühle« in der Schlösserstraße im Mai 1994 (unten) und heutiger Zustand (linke Seite), im Hintergrund die Predigerkirche.

Die Ruine der Barfüßerkirche – steinernes Mahnmal für die Bombenschäden des letzten Weltkrieges – beherbergt heute die Mittelalterausstellung der Stadt und bietet in der Sommersaison eine beeindruckende Kulisse für gut besuchte Theaterprojekte. Nur mit Beziehungen in das zuständige Berliner Ministerium gelang es Anfang der 1980er-Jahre, die Freigabe für vier Tonnen Dachkupfer zu bekommen.

Die ehemalige Kleine Synagoge (1995) wird heute (rechte Seite) als Begegnungsstätte genutzt.

Hausgeschichten: Kreuzsand 9 · Bursa pauperum

Ein engagiertes Lehrer-Ehepaar als Denkmalpfleger

Die ehemalige Armenburse zu Beginn der Sanierungsarbeiten 1988 (oben). Per Hand über den Anger: organisiertes Bauholz für die künftigen Ständer des Fachwerkes (unten).

Das in der venezianisch anmutenden Idylle hinter der Krämerbrücke direkt am Wasser der Gera stehende mittelalterliche Kleinod ist ein Vorzeigehaus. In gewisser Weise war es ein solches auch, als der Erfurter Lehrer Wolfram Eschenbach am 20. August 1987 den nach Spiritus riechenden, lilafarben kopierten »Ausbauvorbescheid« der städtischen Wohnungsverwaltung (KWV) für seine künftige Mietwohnung in den Händen hielt (vom persönlichen Erwerb der Immobilie konnte damals keine Rede sein). Wollte man seinerzeit einem Interessierten den hiesigen Umgang mit Altbausubstanz sowie die Leistungen und Grenzen der Denkmalpflege im Besonderen praktisch erklären, war der Kreuzsand dafür ein geeigneter Platz. Hier der Blick auf die nach damaligen Möglichkeiten instandgehaltene, vorzeigbare Krämerbrücke und da – es war freilich nur eines von vielen in der schwer vernachlässigten Altstadt – das noch bis kurz vor der Sanierung bewohnte Häuschen Kreuzsand 9, dessen Verfall schon rein äußerlich nicht zu übersehen war. Es war der Drang sich ein individuelles Zuhause zu schaffen, der den Lehrer, seine Lebenspartnerin Ilse und die zur Mithilfe unverzichtbaren Freunde und Verwandten zu dem Abenteuer bewog. Ja: »Abenteuer.« Der Satz im Zwischenbericht des Architekten, wonach »erst bei der schrittweisen Freilegung der einzelnen Konstruktionsteile das ganze Ausmaß der Schäden besonders an der Holzkonstruktion erkennbar« wurde, lässt auch den Laien genügend Raum für Phantasie und zugleich Bewunderung, dass das Kreuzsand-Team selbst dann nicht kapitulierte, als der Berg zu erbringender Eigenleistungen im Laufe der Rettung des »Ständerbauwerks« wuchs und wuchs. Obschon es sich bei diesem Gebäude im Flächendenkmal Altstadt Erfurt in vielerlei Hinsicht um etwas nahezu Einmaliges handelt, waren bekanntlich nur wenige DDR-Bürger überhaupt bereit, sich trotz vorherrschenden Mangels an gewünschten Wohnungen eine solch' »runtergekommene Bude« wieder herzurichten. Zum massenhaft erstrebten Ziel, davon ist in diesem Buch auch an anderer Stelle zu lesen, waren die bescheiden-komfortablen Neubauwohnungen in einer Plattenbausiedlung an der Peripherie der Stadt geworden. Auch Bauherr Wolfram Eschenbach war in einer solchen zeitweilig zuhause.

Die Bursa pauperum, wie das Häuschen seit seiner Errichtung hieß, wurde im Jahre 1418 von Domherr Nicolaus Gleiwitz aus Breslau als Herberge für mittellose Studenten seiner Vaterstadt an der Erfurter Universität gebaut. Wegen der schmalen und abschüssigen Ufersituation steht das Fachwerkhaus zu etwa einem Drittel über der Wasserfläche. 1796 verkaufte die Stadt das Anwesen. Die neuen Besitzer nutzten es als

Rekonstruierte, weinbewachsene Bursa pauperum heute (rechte Seite).

Wohnhaus, was 1872 leider einen größeren Umbau zur Folge hatte, der Form und Gliederung aller Öffnungen stark veränderte. Dennoch lag die denkmalpflegerische Bedeutung nach diversen Forschungen rasch und klar auf der Hand. Das Alter des Hauses, die nachweisliche Ständerkonstruktion sowie im ersten Obergeschoss gefundene Reste einer bemalten Bohlenstube sind dafür ebenso anzuführen wie die Bedeutung des Bauwerks für die Geschichte der Stadt und ihrer Universität. Denkmalpflegerische Bedeutung ist jedoch nur eine Seite. Eine andere ist es, die aus der Bedeutung sich ergebende Zielstellung zu realisieren, sprich, das Haus nicht nur entsprechend zu sanieren, sondern darin eine Wohnung zu schaffen, die zeitgemäßen Ansprüchen genügt. Man muss sich nur vergegenwärtigen, dass dies alles ein Projekt zum Ende der vom Mangel geprägten sozialistischen Planwirtschaft gewesen ist. Firmen, die quasi per Anruf mit ihrer Leistung zur Stelle waren, gab es vor der politischen Wende von 1989 ebenso wenig wie Baumärkte, die jederzeit Materialien in allen Varianten und Mengen anboten. Die Zauberworte für Bauwillige hießen stattdessen »Beziehungen« (über die ein Lehrer mangels gefragter materieller Tauschwerte nur selten verfügte) und »Eigenleistungen« (wofür ein großer Freundeskreis sehr hilfreich war). Dass der Bauherr in seinem Kalender hinter das Datum des Einzugs (22. April 1990) drei Kreuze machte, ist mehr als verständlich, da allein er 3000 Stunden Eigenleistung nachweisen konnte. Die in Abstimmung mit der Denkmalpflege gefundene Vorgehensweise, »alle Bauteile unter Verwendung der wenigen brauchbaren Hölzer neu zu errichten«, ließ unter damaligen Verhältnissen gar keine andere Wahl zu. Da nicht nur Zement, sondern auch Bauholz bis zur Aussichtslosigkeit rar war, traf sich der Mangel mit dem Ehrgeiz aller Beteiligten um Bauleiter Dieter Böhm, trotzdem etwas zu vollbringen. Angesagt war Knochenarbeit, vor der sich die meisten jener Mitmenschen scheuten, die gelegentlich doch ähnlich dem Bauherrn vom Kreuzsand 9 mit dem Wiederaufbau und dem Ausbau eines alten Gebäudes liebäugelten. Der damals noch nicht so fein gepflasterte Platz vor den Resten des weitgehend abgetragenen Hauses Kreuzsand 9 wurde zu einer Art Schauwerkstatt der Zimmermanns-Branche. Fast 20 Kubikmeter Holz für die Fachwerkkonstruktion und rund 18 Kubikmeter Kanthölzer für Dach und Gauben, gingen durch die Hände von Falk, Jörg, Frank und Aik-Steffen, nachdem vieles davon Bauherr Wolfram, Ralf, Frank, »Balken-Ekki« und andere Helfer unter größten Mühen und heute zu belächelnden Umständen aus Häusern gerettet und herbeigekarrt hatten, die dem Abriss geweiht waren. (Eine Liste darüber, welche Berge von Fleisch die einzige Frau am Bau herbeiholte, um den Hunger der Männer zu stillen, existiert leider nicht.) »Es war verrückt«, kommentiert Architekt Gerhard Schade, was damals auf dieser ihm bis heute am Herzen liegenden Baustelle zwischenmenschlich geschah: »Dinge, die sonst nur auf dem Dorf möglich sind, liefen auf einmal auch in der Großstadt wie selbstverständlich.« Was sich heute dem Betrachter präsentiert, ist eine mit altem Holz neu verzimmerte, auf das gotische Original zurückgeführte Kopie – von keinem Erfurt-Führer als Station ausgelassen, ausnahmslos bewundert, unendlich oft fotografiert und vom Bauherrn, der zusammen mit seiner Lebensgefährtin inzwischen auch Eigentümer der Immobilie wurde, noch immer so geschätzt wie am Tage, da er den »Ausbauvorbescheid« in den Händen hielt.

Zustand der ehemaligen Armenburse nach dem Beginn der Sanierungsarbeiten 1988 (oben).

Zustand 2005, Ansicht vom Ostufer der Gera (rechte Seite).

Hausgeschichten: Zum Güldenen Rad

Das Bier- und Fernsehhaus Marktstraße 50

Da nun zum Abschluss an den Fassaden auch wieder die Architekturfarbigkeit im historischen, gleichsam farbsymbolischen Rot-Weiß-Kanon zur Geltung kommt, kann das ZDF zu Recht mit Wetterfahne und Logo abrundend sein Zeichen auf die Spitze der Dächer setzen. Im Wettlauf mit dem systembedingten Verfall, der verzögerten Baufreiheit und dem Substanzverlust konnte das Haus wiederhergestellt und sinnvoll genutzt für die Altstadt zurückgewonnen werden.« Ein sichtlich zufriedener Gerhard Kaiser, thüringenweit bekannter, heute den Ruhestand genießender Stadtkonservator, sagte dies im Sommer 1996 über das gerade wiedereröffnete Haus Marktstraße 50 in Erfurt. Wer heute dieses herrliche Fleckchen Erfurter Altstadt aufsucht – und das sind wahrlich viele Tag für Tag – der wird Mühe haben sich vorzustellen, woran sich Bernhard Smits vom betreuenden Architekturbüro Smits & Partner für dieses Buch erinnert. »Es war ein Glücksfall, dass für das großartige Baudenkmal mit dem ZDF ein öffentlicher Investor gefunden wurde. Ein Privatmann hätte das für Sanierung und Rekonstruktion des Gebäudekomplexes notwendige Geld – rund drei Millionen Euro – einfach nicht aufbringen können.« Wie mit seinen Häusern in Schwerin und Dresden hat das ZDF damit auch in Erfurt einen beachtlichen Beitrag zur Denkmalpflege und Stadtreparatur geleistet.

Die 1990 im Rahmen der Rheinland-Pfalz-Hilfe für Thüringen vorgenommene Sofortsanierung von Dach und Straßenfassade ließ den eilig Vorübergehenden nicht ahnen, wie schlimm es hinter den Mauern des Anwesens aussah, das sich über Jahrhunderte in städtischem Besitz befand und in welchem, nachweislich zumindest seit 1945, keinerlei Instandsetzungsarbeiten vorgenommen wurden. Was sich dem Betrachter 1989 bot, war ein Bild des Jammers. Auch innen, wo zum gleichen Zeitpunkt

noch Menschen wohnten. Das vormals stolze, einen Abschnitt der von Frankfurt am Main nach Osten führenden Königsstraße prägende Haus war unübersehbar am Verfallen. Nur aus Gewohnheit und dank starker Tapeten, so witzelte man seinerzeit, war es noch nicht eingestürzt. Wucherndes Grün in dem mit Bretterbuden zugebauten Hof versperrte die Sicht auf manches schwer gefährdete Detail und machte es auch nicht leicht den Klempner zu finden, der hier für sein Material ein düsteres Lager gefunden hatte. Ein altes Haus eben, fand man sich damals ab. Fachleute aber wussten um die vom Buschwerk verdeckten baulichen Kostbarkeiten und um das, was unterm vermüllten alten Pflaster und den maroden Dächern zu finden war.

Schon im Mittelalter hat über den Gewölbekellern ein gotisches Giebelhaus an der Marktstraße gestanden. Es wurde 1551 in Renaissanceform umgebaut, wie u. a. die Gliederung der Fassaden, das Portal, Inschriften, Hausmarken, Fenstersäulen und Fragmente einer Bohlenstube nachvollziehen lassen. Mit dem dahinterliegenden Querbau, bzw. mit dem gewölbten, turmartigen Hausteil, ist das Vordergebäude weiter zusammengewachsen. Mehrere spätgotische Hintergebäude in winkelförmiger Anordnung, teils massiv, teils in Fachwerk errichtet, vervollständigten das Terrain zu der bekannten Haus- und Hofanlage, die den Erfurtern und ihren Gästen inzwischen wieder so gegenwärtig ist, wie die angrenzende »Engelsburg« oder das wieder aufgebaute Große Colleg der Alten Universität ganz in der Nähe. Ein Reiseführer aus dem ersten Drittel des vorigen Jahrhunderts schwärmt von dem als »Haus zum Güldenen Rad« bekannten Grundstück: »Nun schauen wir auf den Hof. Welch ein Idyll! In der Mitte um einen Brunnen herum hohe schattige Holundersträucher. Ringsum Gebäude – meist von Weinlaub umrankt – mit Kennzeichen aller Baustile: hier gotische Türen, dort Doppeldächer aus der Barockzeit, nach Osten ein Haus aus dem 19. Jahrhundert … überall bunte Mannigfaltigkeit!« Tatsächlich haben bis 1936 weitere Umbauten das Bild des Areals mannigfaltig ergänzt, verändert und Spuren am Äußeren wie Inneren des attraktiven Bauensembles hinterlassen. Eine bis 1906 betriebene, als Technisches Denkmal erhaltene und gastronomisch genutzte alte Tabakmühle erinnert daran, dass hier einstens eine Rauch- und Schnupftabakfabrik ihren Sitz hatte. Erste Bewohner des Gebäudekomplexes waren Kaufleute, Händler, Krämer und Handwerker. Nach seiner Wiederherstellung haben hier das ZDF-Landesstudio Thüringen, das Thüringer Korrespondentenbüro von Deutschland-Radio Berlin, weitere Büros sowie mehrere gastronomische Einrichtungen einschließlich eines sonnenbeschienenen, kastanienbewachsenen Biergartens ein Domizil bekommen. In dem historischen Ambiente lässt es sich nach modernsten technischen Gesichtspunkten arbeiten und zeitgenössisch genießen. Die Tordurchfahrt, die sich hinter dem repräsentativen Portal mit seinen kunstvoll gearbeiteten steinernen Gewänden und Sitznischen öffnet, war den mittelalterlichen Bierbrauern, Tabakmüllern und anderen Nutzern lebensnotwendig. Heute ist sie – getragen und gestützt von jahrhundertealten, mächtigen Hölzern und dezenten Stahlsäulen – gläserne Empfangshalle für ein jedermann offenstehendes, aufwändig wiedergewonnenes Stück Alt-Erfurt. »Das Erfurter Korrespondentenbüro ist eines unserer schönsten in Deutschland. Manch ein Kollege ist neidisch auf das perfekt sanierte Denkmal, die gute Lage mitten in der Altstadt und natürlich auf den Biergarten im Hof«, urteilt der Intendant von DeutschlandRadio, Ernst Elitz, über den Arbeitsplatz seiner Thüringer Mitarbeiter. Diese sehen das, wie natürlich auch ihre Kollegen vom ZDF, nicht anders: »Du gehst vor die Redaktionstür und bist mitten im Leben.«

Der Innenhof des Hauses »Zum Güldenen Rad« während der Sanierung im Juni 1996 (oben).

Fassade in der Marktstraße, Dezember 1995 (unten) und heutiger Zustand (linke Seite).

Hausgeschichten: Zum Leoparden

Eine vor dem Abbruch gerettete Häusergruppe

Aus den zwei Häusern Michaelisstraße Nr. 19/20 wurde wieder eines: das Haus zum Leoparden (rechte Seite).

Die das Andreasviertel flankierende, im Süden vom Benediktplatz begrenzte und nördlich in die Moritzstraße mündende Michaelisstraße nennen Bauhistoriker, Bauarchäologen, Stadtgeschichtsforscher und Stadtführer unisono Erfurts »Steinerne Chronik«. Tatsächlich weist die Straße, die ihren Namen von der zur Universitätskirche erhobenen Pfarrkirche St. Michaelis herleitet, bis heute einen großen Bestand an historischen Gebäuden aus fast allen Epochen auf: der hinter dem verglasten Neubau an der Ecke Michaelisstraße/Benediktplatz bewahrte Restbau der alten Synagoge, das gegenüberliegende »Haus zum Schwarzen Horn«, der »Goldene Schwan«, das Collegium maius der alten Universität, das Ensemble »Zum güldenen Krönbacken«, das Haus »Weiße Lilie«. Die Liste bedeutender, seit der Wende verstärkt sanierter Bauwerke ist damit längst nicht vollständig. Sie bieten aber das prachtvolle Umfeld für einen auf den ersten Blick eher nüchternen, äußerlich mehr klassizistisch geprägten Gebäudekomplex, der zwar wegen seiner Fassadenfarbigkeit hervorsticht, besondere Aufmerksamkeit aber auch aus einem anderen Grund verdient: das Haus »Zum Leoparden« in der Michaelisstraße 19/20.

Eigentlich, so ließen Kreditberater nach der politischen Wende von 1989 die damals achtzigjährige Bauherrin und Architektin Dr.-Ing. Käthe Menzel-Jordan wissen, habe sie bei der Planung und Instandsetzung des Hauses ihrer Großeltern in der Michaelisstraße »alles falsch gemacht«. Richtiger wäre gewesen: große Schaufenster ins Erdgeschoss, einen florierenden »Schnäppchen-Laden« hineinnehmen und schon würde Geld fließen. Sie hätte dann wenigstens eine erste Mieteinnahme und die Bank eine Sicherheit, um ihr das Geld geben zu können, das sie für den weiteren Baufortgang wahrlich ganz dringend benötigte. So aber …

Die Frau wusste sich zu helfen – zunächst mit eigenen Mitteln. Der ehemalige mittelalterliche Ständerbau aus dem 12./13. Jahrhundert samt Hintergebäuden nahm nicht nur Gestalt an, sondern ist seit einigen Jahren fertig gestellt und – bis auf den Laden im Erdgeschoss – komplett vermietet. Der »Großreparatur im Bestand« unter weit gehender Wahrung originaler Substanz gingen sorgfältige Untersuchungen voraus. Immerhin handelt es sich bei dem ehemaligen Areal des Klosterhofes von Schulpforta um Gebäude über romanisch-gotischen Kellern und um den bereits genannten Ständerbau an der Straße, die allesamt mehrere Umbauphasen und Einschnitte erlebt haben. Diese geschützte Baugruppe ihrer Vorfahren für das Stadtbild zu erhalten und wiederherzustellen, bedeutete für Dr. Menzel-Jordan, die jahrzehntelang auch für Baudenkmale ihrer Heimatstadt projektiert und gebaut hat, ein zähes Ringen. Sage und schreibe über 60 Hilfeersuchen hat die energische Bauherrin auf den Weg gebracht, um an finanzielle Mittel zu kommen, die für eine denkmalpflegerische Gesamtwiederherstellung des Hauses »Zum Leoparden« noch fehlten. Doch über die Jahre waren neben laufender Beratung nur drei Wege für Beihilfen ertragreich: die zum Thüringischen Landesamt für Denkmalpflege, zur Deutschen Stiftung Denkmalschutz und zur Stadtverwaltung Erfurt. »Diesen Institutionen war klar, dass die Zeit und das öffentliche Interesse an dieser Bau- und Sanierungsaufgabe von städtebaulicher Tragweite eine verständnisvolle, innovative Lösung des Problems verlangt, und ein Scheitern wegen derzeit unzureichender Finanzierung oder Bonität ausgeschlossen sein muss«, erinnert sich die Bauherrin.

Das in seiner jetzigen Gestalt viele Jahrhunderte alte Haus steht mit seiner mutig daherkommenden fachgerechten Fassadenfarbe wie ein Achtung gebietendes Signal inmitten des geschichtsträchtigen Areals von Erfurts alter Universität. Zu Recht. Denn über alle bei einer Sanierung vorhersehbaren und zusätzlich auftauchenden Klippen hinweg hat es Frau Menzel-Jordan beispielhaft vermocht, dem Haus viel von seiner einstigen Bestimmung und Würde zurückzugeben – und dies einem Haus, das zu DDR-Zeiten wegen einer geplanten neuen Straßenführung auf der Abrissliste stand und somit keinen Pfifferling Einsatz mehr wert gewesen ist. Dass sich das damalige Institut für Denkmalpflege Erfurt dagegen letztlich mit Erfolg wehrte, soll an dieser Stelle ebenso wenig ausgespart werden wie die Tatsache, dass der bauliche Zustand der Häusergruppe entsprechend heruntergekommen war, als die im Süden Erfurts lebende Bauherrin sich nach der Wende mit Hilfe des Investitionsvorranggesetzes dem Haus ihrer Großeltern annahm. Der heute in diesem Gebäudeensemble lebende Stadtkonservator a. D., Gerhard Kaiser, spricht in seiner Zielsetzung neben den Instandsetzungserfordernissen noch von »teilweiser Einsturzgefahr«. Eine ständige kleine Fotoausstellung im Foyer hält diese Ausgangssituation ebenso lebendig wie sie die weitere Entwicklung bis zur Fertigstellung durch denkmalerfahrene Handwerker mehrerer Erfurter Baufirmen dokumentiert.

Doch einen Wermutstropfen gibt es. Einzig die Erdgeschosshalle im Vorderhaus – von der

Straße aus von jedermann einzusehen – ist noch nicht belegt. Dieser stattliche Raum, in dessen Mitte ein bis dahin verdeckter Teil der mittelalterlichen Tragekonstruktion gestalterisch geschickt einbezogen wurde, ist das eigentliche Kernstück des Hauses. Die stilgerechte Fensterfront nach der Michaelisstraße, rote Keramikplatten über der Fußbodenheizung, schmiedeeiserne Geländer, andere handwerklich solide Ausstattungsdetails und die in die sanierte Kelleranlage aus dem 12. Jahrhundert führende Steintreppe geben dem Raum etwas Nobles, Anziehendes. Weil dem so ist, sieht die Besitzerin weder das Erdgeschoss noch den Gewölbekeller für einen »Schnäppchen-Laden« oder für eine gastronomische Nutzung geeignet. Stattdessen schwebt ihr beispielsweise eine Galerie oder ein Antiquitätengeschäft vor. Wer die besondere Atmosphäre der historischen Innenraumarchitektur schon einmal wahrnehmen konnte, wird nicht nur diese konsequente Haltung verstehen, sondern auch das hohe Lied, welches Gerhard Kaiser dem »Leoparden« und seiner Retterin widmet: »Die Gesamtwiederherstellung erfolgte sowohl nach denkmalpflegerischen Prinzipien als auch nach modernen wirtschaftlichen Erfordernissen. Insbesondere dadurch, dass man historische Baustrukturen bzw. Details beibehielt und einbezog, im gegebenen Rahmen insgesamt neun individuelle Wohneinheiten und zirka 100 Quadratmeter Gewerberaum einrichtete, die Architektur gliederte und in Farbe setzte, nicht zuletzt auch Hof und Garten gestaltete, wurde eine wohltuende Seite bürgerlicher Baukultur aufgegriffen und zurückgewonnen. Die Bauherrin und ihre Helfer verstanden die gesamten Baumaßnahmen einerseits als methodisches Beispiel der erhaltenden Erneuerung im Rahmen einfühlsamer Stadtreparatur, andererseits als weiteren Beitrag zur Sanierung und Entwicklung auch von Hintergebäuden der Altstadt.«

ERFURT SANIERT

In Nachbarschaft zum »Leoparden« steht das Haus »Zum schwarzen Horn«, Michaelisstraße 48 im Mai 1993 (linke Seite) und heute (rechte Seite).
In diesem Haus befand sich im 16. Jahrhundert eine der berühmtesten deutschen Buchdruckereien, die humanistische Schriften druckte und verlegte.

Verkehrsmittel verändern die Stadt

Von Volker Krebs, Prokurist der Erfurter Verkehrsbetriebe AG

Dipl.-Ing. Volker Krebs: Mobilität ist seine Welt. 1953 in Weimar geboren, faszinierten ihn schon in seiner Kindheit der Obus und der Eisenbahnverkehr seiner Heimatstadt. Nach dem Studium des Eisenbahnbetriebs an der Verkehrshochschule Dresden war die Erfurter Straßenbahn eher als Übergangslösung gedacht. Die Laufbahn begann mit der Projektleitung für die Straßenbahn nach Windischholzhausen und zum Roten Berg. Seit den 1990er-Jahren ist er dafür zuständig, dass im Netz das gefahren wird, was die Fahrgäste auch wirklich in Anspruch nehmen möchten, dass die Fahrgäste vom Angebot erfahren und natürlich auch Fahrkarten kaufen.

Wenn heute der Erfurter Nahverkehr als besonders beispielhaft und erfolgreich beschrieben wird, dann ist dies das Verdienst von vielen, die sich mit ganz persönlicher Leidenschaft für dessen Entwicklung engagiert haben. Besonders nachhaltig haben zwei Schlüsselentscheidungen des Erfurter Stadtrates den Nahverkehr beeinflusst. Im Jahre 1974 war es der Beschluss, die Erfurter Straßenbahn auszubauen und bevorzugt durch die geplanten Fußgängerzonen der Innenstadt zu führen. Der Anlass dafür lag in der Notwendigkeit, die um den Stadtkern herum entstehenden neuen Wohnviertel mit etwa 100 000 Einwohnern mit der Innenstadt zu verbinden. Die Entscheidung, dies mit der Straßenbahn zu tun, war mutig, weitsichtig und ganz gegen den Trend in Europa. Wäre die Erschließung mit dem Bus erfolgt, hätte der vorhandene Straßenbahnbetrieb nicht überleben können. Durch die guten Erfahrungen mit der Straßenbahn fasste der Stadtrat 1996 den zweiten wichtigen Beschluss, nämlich die neuen Entwicklungsrichtungen der Stadt in östlicher und westlicher Richtung durch eine weitere Netzausdehnung der Straßenbahn zu unterstützen. Der Nahverkehr sollte als ganzheitliches System aus Stadtbahn und Bus entwickelt werden. Damit wurde Bussen und Bahnen eine besondere Bedeutung für eine stadtverträgliche Mobilität beigemessen – wiederum eine zukunftsweisende Entscheidung, deren Qualität nur in wenigen Städten zu finden ist! Vergleicht man die Epochen, in denen diese beiden Entscheidungen getroffen und umgesetzt wurden, ergeben sich interessante Einblicke in den unterschiedlichen Umgang des Verkehrsunternehmens mit dem öffentlichen Raum der Stadt.

In den siebziger und achtziger Jahren des vergangenen Jahrhunderts stand die Steigerung der Leistungsfähigkeit des Nahverkehrs im Verhältnis zu einer schwach entwickelten Motorisierung im Vordergrund. In möglichst langen Zügen, denn Fahrer waren knapp, mussten möglichst viele Menschen in kurzer Zeit rund um die Uhr befördert werden. Da fiel es kaum auf, dass die Verkehrsmittel Straßenbahn, Eisenbahn und Bus relativ autark nebeneinander existierten. Bei den niedrigen Fahrpreisen von z. B. zwölf Pfennigen bei einer Fünf-Fahrten-Karte wurde erwartet, dass man beim Umsteigen neu bezahlt. Die Trassierungsvorgaben im »Städtischen Standard Schnellstraßenbahn« waren so modern und zukunftsorientiert, dass sie den Vergleich westdeutscher Standards nicht zu scheuen brauchten. Ein eigener, vom Autoverkehr unabhängiger Bahnkörper, möglichst große Radien, um Lärmbelästigung und Verschleiß einzugrenzen, wenige, möglichst niveaufreie Straßenkreuzungen für hohe Geschwindigkeiten, Sicherheit und Zuverlässigkeit im Betrieb waren gefordert. Das Kreuzungsbauwerk am Abzweig Wiesenhügel oder der schon nicht mehr vorhandene Fußgängertunnel in der Gorkistraße sind Beispiele dafür. Im Entwurf galt die Weisheit »Gestaltung unterstützt Funktion«. Von der konsequenten Umsetzung dieser Kriterien profitiert der heutige Verkehrsalltag. Ob die südliche Magdeburger Allee, die Strecken nördlich der Universität oder in der Kranichfelder Straße: Dort kollidieren Stadtbahn und Autos nicht, niemand stellt sein Auto auf den Randstreifen zwischen Bahn und Straße. Im Vergleich dazu die Schillerstraße, die Anfang der 1990er-Jahre nicht mit dieser Konsequenz saniert wurde, weshalb die Bahn zwischen Puschkinstraße und Kaffeetrichter zur Verkehrsspitze im Stau steht. In der Brühler Straße oder Johannesstraße erkennt man mit geschultem Blick, wo und wie man das Auto risikolos abstellen sollte. So wichtig damals die funktionalen Ansätze der Planung waren, so unsensibel wurde aus heutiger

Die Skulptur des Münchner Künstlers Scheithauer ist ein weithin sichtbares Signal für das »Binderslebener Knie«, den neu ausgebauten Verkehrsknotenpunkt der Landeshauptstadt mit Straßenbahnzubringer zum Flughafen.

Erfurter Verkehrsflughafen, 1970 (oben).

Der neue Flughafentower, rechts im Bild das Gleisbett des neuen Straßenbahnzubringers (rechte Seite).

Sicht mit dem öffentlichen Raum umgegangen. Die Verkehrsanlagen mussten mit den verfügbaren Materialien und Bautechnologien hergestellt werden können und danach pflegeleicht sein. Verständlich, wenn man die damaligen personellen und technischen Möglichkeiten eines Verkehrsbetriebes betrachtet. Grün galt eher als störend, Betonflächen dagegen als praktisch.

Die Mängel in der gestalterischen Umsetzung schmälern den Wert der damaligen Verkehrskonzepte und den Erfolg des systematischen Netzausbaus in keiner Weise. Ein Beispiel ist das Verkehrskonzept für das Wohngebiet Roter Berg. Verkehrsberuhigende Straßenringe erschließen jeweils von außen die Wohnquartiere, die Straßenbahn fährt allein mittig mit optimierter Haltestellenlage durch das Wohngebiet. Ein anderes Beispiel war die Entstehung des Bebauungsplanes für das Wohngebiet Drosselberg, eine Sternstunde in der Kooperation von Architekten und Verkehrsingenieuren. An der Ausrichtung von Hauseingängen, Fußwegen, der Lage der Kaufhalle und der Haltestellen wurde so lange gearbeitet, bis für die künftigen Bewohner das Beste erreicht wurde. Nicht unerwähnt bleiben darf der Einsatz derer, die es schafften, die Planung Realität werden zu lassen. Normalerweise hatten Verkehrsbetriebe zu den erforderlichen Bau- und Ausrüstungsleistungen kaum einen Zugang. Umso wertvoller war für die betroffenen Menschen das ehrgeizige Ziel, schon zur Fertigstellung eines neuen Wohnquartiers die Straßenbahn als meist erste funktionierende Lebensader anbieten zu können. Die heute zahlreich anzutreffenden Wendeschleifen erinnern daran.

Wir haben uns heute an ein systematisches Verkehrsangebot gewöhnt. Der Aufbau gleichmäßiger Streckentakte, das Angebot der »Angerkreuzung« im Abendverkehr, der Ausbau der Haltestellen für 60 Meter lange Züge und die Ausstattung mit funkgesteuerten Lautsprechern und optischen Störungsanzeigen, Beschilderungen und Umgebungsplänen erzeugten ein großstädtisches Fluidum, wie es in der DDR überhaupt nicht üblich war.

Spannend war der Neustart für das heute Selbstverständliche im Jahre 1990. Betraf er doch neben dem Verkehrsbetrieb auch dessen künftigen Platz im städtischen Leben. Endlich keine Rücksicht mehr auf öffentlichen Verkehr, freie Fahrt für freie Bürger? Zwei unterschiedliche Beispiele aus dem Planungsbereich belegen das anzutreffende Spektrum. Der Investor des Thüringenparks beabsichtigte zunächst, den Einkaufspark an der B 4 anzulegen und die Parkplätze bis zur Straßenbahn an der Nordhäuser Straße zu platzieren. Gemeinsam mit der Stadtverwaltung gelang es, das Konzept zu drehen und den Haupteingang an die Haltestelle der Linie 3 zu legen. Damit ergab sich nicht nur die Erreichbarkeit des Einkaufszentrums für den Stadtteil Moskauer Platz zu Fuß, sondern auch

General Aviation

eine bevorzugte Nahverkehrsverbindung in die Stadt. Die Rahmenplanung Bindersleben / Schmira von 1991 nahm für den am Flughafen liegenden Büropark »Airfurt« gleich zwei mögliche Varianten einer Straßenbahn-Trasse in die Bebauungskonzeption auf, um keine Chance einer attraktiven Erschließung zu verpassen. Die Voraussetzungen für eine Straßenbahn nach Bindersleben waren aber noch in weiter Ferne.

Das Engagement für die Weiterführung eines attraktiven Nahverkehrs unter marktwirtschaftlichen Bedingungen fand sowohl im Verkehrsentwicklungsplan von 1994 als auch im Stadtbahnprogramm von 1996 einen besonderen Ausdruck. Mit dem Ausbau der Straßenbahn zur Stadtbahn sollte das Bestandsnetz schneller, wirtschaftlicher und besser in den öffentlichen Raum integriert werden, andererseits sollten fünf Neubaustrecken der Stadtentwicklung folgen und so dazu führen, dass insgesamt der Verkehrsanteil von Bussen und Bahnen gehalten und ausgebaut werden kann. In einer ersten Sanierungswelle wurden z. B. neue Wartehallen aufgebaut. Sie zeigten sich zunächst sehr farbenfroh und hoben sich wohltuend von den Waschbeton-Wartehallen der Vergangenheit ab. Wie schnell der erste Glanz verblasst, stellt man 15 Jahre später fest. Welche Qualität im Entwurf haben dagegen die Wartehallen an den Neubaustrecken, die für die Bedürfnisse in Erfurt gebaut wurden. Nahverkehrsknoten wie die Haltestelle Europaplatz oder der Busbahnhof präsentieren sich städtebaulich selbstbewusst. Aufenthaltsqualität ist das neue Schlagwort.

Domstraße, Verlegung der neuen Straßenbahngleise, September 2000.

Der Fahrgast soll sich wohl fühlen, seine Entscheidung für Bus und Bahn bestätigt finden. Schatten spendende Bäume, angenehme Materialien, aktuelle Informationen stehen nun im Mittelpunkt der Bemühungen. Beim Wettbewerb »Entente Florale« konnte ein Ideal zumindest temporär an einigen Haltestellen mit üppig blühenden Pflanzen verwirklicht werden. So müssten öffentliche Räume aussehen und Haltestellen könnten als leicht erkennbare Informationsinseln für Stadtnachrichten, Kultur und Gastronomie dienen. Wie bestehende Strecken in das Straßenbild harmonisch integriert werden können, zeigen die Magdeburger Allee und die Melanchthonstraße. Aller trennenden Wirkungen beraubt, bilden sie durch das Rasengleis

Die Domstraße heute (oben) und 1990 (unten).

eine Grünoase, die allerdings auch den mündigen Bürger braucht, der bereit ist, Überwege zu nutzen und das Grün zu schonen.

Zu einem besonderen Markenzeichen für die Stadtbahn Erfurt sind die Neubaustrecken geworden. Alle Partner der Stadt und der EVAG vereint das Ziel, durch die Bündelung von Zuständigkeiten und Finanzierungsquellen zu einem optimalen Gesamtergebnis zu kommen. Nur so gelingt es, eine Verkehrsanlage nicht als Fremdkörper zu errichten. Wenn ein Straßenzug mit Stadtbahn besser aussieht und funktioniert als ohne, dann weckt dies auch Sympathie für die Stadtbahn. Kein Wunder, dass eine solche Herangehensweise die Anlieger zum Investieren reizt. Ob Leipziger Straße oder Brühl: Kaum begannen die Bagger, die Straßen aufzureißen, setzte die Sanierung völlig desolater Häuser ein. Heute sind die Straßen entlang der Stadtbahn zu Referenzstrecken für Stadtsanierung geworden, an denen man gerne wohnt und arbeitet. Das Sanierungsgebiet Brühl verfügt mit vier Stadtbahn-Haltestellen über eine ideale Erschließung, die es erlaubt, auf dem wertvollen Gelände mit weniger Autoverkehr auszukommen.

Leise und im attraktiven Design, gelegentlich mit pfiffiger Werbung versehen, schlängeln sich die neuen Stadtbahnwagen durch die Stadt, wenn möglich, bis zu 60 Kilometer pro Stunde schnell. Eine Freude, als Mitfahrer die schöne Stadt zu betrachten. Die weitestgehend erreichte Barrierefreiheit ist eine Einladung an alle, unabhängig von einer körperlichen Behinderung und in jedem Alter am Leben in der Stadt teilzunehmen. Verkehrserschließung ist noch immer der Standortfaktor Nummer eins für Investoren. Der Erfurter Nahverkehr macht 18 000 Autofahrten täglich überflüssig und steht damit in der Verkehrsleistung in Deutschland an führender Stelle. Das spürt man als Autofahrer genauso wie als Nutzer des Nahverkehrs.

August 1996: Bauarbeiten an der neuen Tiefgarage am Petersberg. Im darauf folgenden Jahr fertig gestellt entlastet sie besonders Domplatz und Altstadt vom ruhenden Autoverkehr.

Gastronomie und Kultur im Brühl, heute bequem mit der Straßenbahn zu erreichen. Im Bild ganz rechts: die Südseite des neuen Schauspielhauses.

Werkansicht der ehemaligen »Optima« im Brühl, 1987. Das helle und das eingerüstete Gebäude wurden abgerissen und das Areal neu bebaut. Im Hintergrund der Turm der Martinikirche (unten).

Der Parkplatz zwischen Krämpferstraße und Juri-Gagarin-Ring im Dezember 1970 ist heute mit dem Parkhaus am Einkaufszentrum »Anger 1« bebaut (rechte Seite).

Thüringer Allgemeine
P
Anger 1
KARSTADT

Luftaufnahme der Kreuzung Juri-Gagarin-Ring/Krämpferstraße, 1993. Das untere Hochhaus ist das vormalige Interhotel »Kosmos« – nun Hotel »SAS Radisson«.

Die neue Stadtbahnlinie Richtung Wohngebiet Ringelberg wurde im Jahr 2000 eröffnet.

Blick in Richtung Bahnhofstraße/Ecke Gartenstraße, 1990 (oben). Im Hintergrund die Türme der Reglerkirche. Hier entstand der Filmpalast »Cine Star« mit Tiefgarage und Einkaufszentrum. Vor der inzwischen fertig gestellten Stadtvilla sind Reste der historischen Stadtmauer gesichert worden. Rechts hinten der Bartholomäusturm mit Glockenspiel (unten).

Ruinöse Rückseiten der Gartenstraße am südlichen Juri-Gagarin-Ring, Mai 1989. Die gesamte Zeile wurde bis auf das rechte Gebäude abgerissen.

Blick von der Lachsgasse zum Juri-Gagarin-Ring, 1993 (rechts). Links hinten der Turm des Bahnhofgebäudes. Zustand 2005 mit neu erbauter Commerzbank (unten).

Auf dem Gelände des einstigen VEG Saatgut entstand das Sparkassen-Finanzzentrum zwischen Bonifacius- und Gorkistraße (rechte Seite). Rechts im oberen Bild das Bettenhaus der damaligen Frauenklinik (Mai 1994).

Erfurt in Daten

– eine Auswahl

Im 8. Jahrhundert wird das thüringische Gebiet christianisiert. Der Missionar Bonifatius schreibt 742 in einem Brief an den Papst von einem volkreichen Ort heidnischer Bauern namens Erphesfurt. Dieser Brief gilt als urkundliche Ersterwähnung Erfurts.

805 ernennt Karl der Große Erfurt per Dekret zum Fernhandelsplatz.

Wahrscheinlich auf dem Gelände des Petersberges findet 936 ein Reichstag statt, Jahrzehnte später hält sich Kaiser Otto II. mehrfach in Erfurt auf.

Ab der Jahrtausendwende wird Erfurt politisch immer stärker in das Erzbistum Mainz integriert; das Rad im Mainzer Stadtwappen wird in leicht abgewandelter Form zum Stadtwappen von Erfurt. Eine außerordentlich wechselvolle geschichtliche Beziehung nimmt ihren Lauf. Im damaligen Stadtsiegel ist sie so verewigt: »Die Stadt Erfurt ist eine treue Tochter des Mainzer Stuhls.« (Noch vor der politischen Wende von 1989 gingen Erfurt und Mainz eine Städtepartnerschaft ein.)

Zwischen 1162 und 1168 entsteht der neue Stadtmauerring.

Kaiser Friedrich I. Barbarossa (1122 – 1190) hält in Erfurt mehrere Reichstage ab.

Im 14. Jahrhundert schließt sich der bedeutende Handelsplatz Erfurt der Hanse an; der Stadt wird das kaiserliche Messeprivileg zugesprochen.

1392 wird die Universität gegründet. In ihrer Blütezeit (15./16. Jahrhundert) zählt sie 8000 Studenten, darunter Martin Luther. Zur Zeit Luthers in Erfurt etabliert sich in der Stadt die Humanistenbewegung, der u. a. Crotius Rubianus, Eobanus Hessus und Justus Jonas angehören.

Von 1518 bis 1522/23 wirkt in Erfurt der bekannte deutsche Rechenmeister Adam Ries.

Im Dreißigjährigen Krieg (1618 – 1648) macht der Schweden-König Gustav Adolf II. Erfurt zu seiner zeitweiligen Residenz.

1664 erobern die Mainzer im Bund mit französischen Truppen die Stadt. Fortan führt ein Mainzer Statthalter die Geschäfte. Karl Theodor Reichsherr von Dalberg (1744 – 1817) geht als der bedeutendste unter ihnen in die Stadtgeschichte ein. Der Petersberg wird zur Zitadelle ausgebaut.

1802 wird Erfurt preußisch. Nach der Niederlage der Preußen gegen Napoleon 1806 bei Jena und Auerstedt erklärt der französische Kaiser Erfurt zu seiner Domaine, 1808 beruft er in die Stadt einen Fürstenkongress ein. Die Stadt rückt für kurze Zeit in den Blickpunkt europäischer Politik.

Nach der Völkerschlacht bei Leipzig (1813) werden der Petersberg und der Domplatz schwer beschossen und zerstört; die Franzosen ziehen ab, Erfurt wird wieder preußisch.

1838 lädt die Stadt zur ersten großen Ausstellung von Leistungen des Erwerbs-Gartenbaus.

Thüringen erhält ein Eisenbahnnetz, der Bahnanschluss Erfurt ist 1847 fertig gestellt.

1850 tagt im Augustinerkloster unter Anwesenheit von Bismarck das Unionsparlament.

1873 wird die Festungseigenschaft von Erfurt aufgehoben. Das hat positive Auswirkungen auf die industrielle Produktion und auf den Wohnungsbau; mit dem Bau des Flutgrabens schützt sich die Stadt vor den Hochwassern, die bis dahin regelmäßig die Innenstadt überschwemmten.

Nach einer Gewerbezählung nimmt Erfurt im Jahr 1882 unter den deutschen Städten mit Erwerbsgärtnerei den ersten, in der Schuhfabrikation den fünften und in der Herstellung von Konfektion den achten Platz ein.

1884 löst die erste »Elektrische« die bisher auf Schienen durch die Stadt rollende Pferdebahn ab.

Im Oktober 1891 tagt im Kaisersaal ein Parteitag der SPD. In Anwesenheit von August Bebel und Wilhelm Liebknecht wird das so genannte »Erfurter Programm« beschlossen.

Die Industrie der Stadt wächst. Im Jahr 1900 beginnt die Firma Pels im Norden der Stadt mit der Produktion von Pressen und Scheren. Im selben Jahr gehen von Erfurt aus 300 000 Kataloge auf Reisen in die Welt, in denen hiesige Sämereien angeboten werden.

1906 ist Erfurt mit über 100 000 Einwohnern eine moderne Großstadt.

Am Ende des Ersten Weltkrieges (1914 – 1918) wohnen in Erfurt rund 130 000 Einwohner. 3579 Soldaten aus Erfurt blieben im Krieg.

Nach der Abdankung der Fürsten und dem Ende der thüringischen Kleinstaaterei wird am 1. Mai 1920 der Freistaat Thüringen gegründet.

Am Roten Berg öffnet im Mai 1925 der erste Zivilflughafen der Stadt, 1934 folgt ein Militärflughafen. 1938 gehört Erfurt zu den größten deutschen Garnisonsstädten.

Vom Zweiten Weltkrieg (1939 – 1945) wird Erfurt erstmals während eines Bombenangriffs am 17. August 1940 heimgesucht, bis zum Kriegsende werden 1392 Einwohner Opfer solcher Angriffe. Am Ende des Krieges sind vier Prozent der Bausubstanz, darunter so wertvolle Kulturdenkmale wie die Barfüßerkirche, das Augustinerkloster oder das Collegium maius der Alten Universität, zerstört.

Am 12. April 1945 besetzen amerikanische Truppen Erfurt, ab 2. Juli steht die Stadt unter sowjetischer Besatzung.

1946 zählt Erfurt rund 175 000 Einwohner.

Im Sommer 1950 öffnet auf dem Gelände der heutigen ega die Gartenbauausstellung »Erfurt blüht« ihre Pforten. Fortan finden hier regelmäßig nationale und internationale Leistungsschauen des Gartenbaus statt.

Die Regierung der 1949 gegründeten DDR löst am 25. Juli 1952 das Land Thüringen in die drei Bezirke Erfurt, Gera und Suhl auf. Erfurt wird Bezirksstadt.

Mit der Gründung des Katholischen Priesterseminars, des Pädagogischen Instituts und der Medizinischen Akademie in den 1950er-Jahren wird Erfurt wieder zur Hochschulstadt.

Im Jahr 1961 führt das neu gegründete Wohnungsbaukombinat in Erfurt die Großblockweise ein, einige Jahre danach entsteht das Neubaugebiet Johannesplatz.

1970 beginnt die Umgestaltung des Schmidtstedter Knotens zum größten Erfurter Verkehrsknotenpunkt. Bei laufendem Eisenbahnbetrieb wird per Hydraulik eine neue Brücke unter die Gleise geschoben.

Im März 1970, da in Erfurt rund 196 000 Einwohner leben, steht Erfurt im Blickpunkt des Interesses der Weltöffentlichkeit: Im Hotel »Erfurter Hof« konferieren der damalige Kanzler der BRD Willy Brandt und der DDR-Ministerpräsident Willi Stoph. Entspannung zwischen beiden deutschen Staaten war das Ziel.

Zu Weihnachten 1984 wird in der »Gloriosa« im Erfurter Dom ein langer Riss entdeckt. In einer spektakulären Aktion vor Ort wird er geschweißt. 20 Jahre später steht wieder eine Reparatur an. Diesmal wird die Glocke in einer gleichfalls spektakulären Aktion aus dem Turm gehievt und in eine Spezialwerkstatt gebracht.

Wie in anderen Städten bilden sich Ende der 1980er-Jahre auch in Erfurt Bürgerinitiativen mit dem Ziel, eine andere, wirklich demokratische DDR zu erwirken. Am 10. Dezember 1989 bilden Tausende Erfurter eine Menschenkette entlang der ehemaligen inneren Stadtmauer, um so gegen den anhaltenden Verfall des historischen Stadtkerns zu protestieren. Im Winter 1989 wird der Domplatz zum Zentrum öffentlichen Protests und zur Plattform für alle, die eine Wiedervereinigung der beiden deutschen Staaten herbeisehnen. Noch vor der Wiedervereinigung am 3. Oktober 1990 wird Manfred O. Ruge am 6. Mai Oberbürgermeister der Stadt.

Vom 21. bis 28. Juni 1992 begeht Erfurt anlässlich des 1250. Stadtjubiläums eine Festwoche.

Am 29. April 1994 wird mit der feierlichen Gründung einer neuen Erfurter Universität ein seit Jahren hartnäckig verfolgtes Ziel erreicht. Anfang Oktober 1999 nehmen die ersten 270 Studenten ihr Studium auf.

Am 8. Juli 1994 wird Erfurt Bischofssitz.

Im Spätherbst 1999 zieht das Bundesarbeitsgericht von Kassel nach Erfurt, wo auf dem Areal des Petersberges ein modernes, nicht unumstrittenes Gerichtsgebäude entstanden war.

Am 26. April 2002 tötet der 19-jährige Erfurter Robert St. am Gutenberg-Gymnasium 13 Lehrer, eine Sekretärin, zwei Kinder, einen Polizeibeamten und dann sich selbst. Die unvorstellbare Gewalttat löst in ganz Deutschland und darüber hinaus Entsetzen und einen Schock aus. An der Trauerfeier für die Opfer Anfang Mai auf dem Domplatz nehmen mehr als 100 000 Menschen teil.

2003 öffnet im Brühl mit der Oper der bislang einzige Theaterneubau in Deutschland im neuen Jahrtausend; zum künstlerischen Ensemble gehört keine Schauspielsparte mehr.

Im Juni 2004 finden Kommunalwahlen statt. In das Erfurter Rathaus ziehen 50 Mandatsträger der Parteien CDU, PDS, SPD, Grüne ein.

3. Oktober 2004: Die Thüringer Landeshauptstadt ist Gastgeber für die zentrale Feier der Bundesrepublik zum Tag der Deutschen Einheit.

11. März 2005: Auf der Großbaustelle ICE-Bahnhof/Willy-Brandt-Platz/ehemaliges Hotel »Erfurter Hof« wird mit dem Aufziehen der Richtkrone über dem Traggerüst des Dachs der künftigen Bahnhofshalle die Fertigstellung eines weiteren Mosaiksteins dieses Eingangsquartiers in die Landeshauptstadt angezeigt.